Lieber Herbst und lieber Winter

Lieder, Geschichten, Rätsel, Reime
Bastelvorschläge und Spielideen
für drinnen und draußen

Text Rolf Krenzer
Musik Detlev Jöcker
Anke Jöcker
Bastelvorschläge Ursula Kämpfer
Fotos Jörg Heithoff
Umschlaggestaltung und Illustrationen
Klaus Junghans

Die Lieder dieses Buches sind zusammengefaßt auf der
MusiCassette „Lieber Herbst und lieber Winter",
erhältlich im Buchhandel oder beim
Menschenkinder Verlag,
An der Kleimannbrücke 97 a, 4400 Münster

1. Auflage 1992
Menschenkinder Verlag, 4400 Münster
Alle Rechte vorbehalten. Nachdruck - auch
auszugsweise - nur mit Genehmigung des Verlages.
Druck: Uhl, Radolfzell
Notengrafik: Britta Klövekorn
Satz und Layout: Thomas Nufer
Printed in Germany 1992 ISBN 3-927497-74-6

Vorwort

Vierzehn Lieder und Spiellieder sollen der Einstieg zu zwei wichtigen Jahreszeiten im Kinderjahr sein, zum Herbst und zum Winter.

Diese Lieder stellen das in den Mittelpunkt, was das Kind in dieser Zeit erleben und erfahren kann. Der Bogen reicht vom Herbstbeginn bis zum Winterauszug und bietet auch Lieder zu den Festen an, die von Kindern gerne mitgefeiert werden.

Zu den neuen Liedern entstanden neue Geschichten, die einen oder mehrere Aspekte eines Liedes aufgreifen und diese so aufarbeiten, daß sie emotional Kindern zugänglich werden. Sie sind so erzählt, daß sie leicht nacherzählt werden können, wenn Kinder noch so klein sind, daß sie lieber beim Erzählen als beim Vorlesen zuhören. Weil diese Geschichten erfahrungsgemäß noch einmal und noch einmal von den Kindern gewünscht werden, empfiehlt es sich, beim ersten Erzählen oder Vorlesen einen Cassettenrecorder einfach mitlaufen zu lassen. So können Kinder die Geschichten beliebig oft noch einmal hören und leben auch mit in der Geschichte, wenn sie sich die Bilder im Buch betrachten.

Zwei Geschichten – die erste und die letzte – sind im Bereich der Fantasie- und Märchenwelt anzusiedeln, alle anderen sind reale Geschichten aus der direkten oder indirekten Umwelt des angesprochenen Kindes und bieten ihm die Möglichkeit, sich mit der Hauptfigur der jeweiligen Geschichte zu identifizieren.

Auch die angebotenen Bastelvorschläge stehen in einer Beziehung zu dem Lied und der Geschichte, variieren das jeweilige Thema und geben dem Kind einen Anstoß sich mit möglichst vielen Sinnen der angesprochenen Thematik und Problematik einzubringen.

Spielangebote, Rätsel und kleine Reime, Verse und Gedichte setzen weitere besondere Akzente.

So will dieses Buch Eltern, Erzieherinnen und Pädagogen auffordern, sich anregen zu lassen und mit Mut nach neuen Wegen suchen.

Es ist ganz egal, wo man das liebevoll gestaltete Buch aufschlägt, es werden sich immer Gesprächsanreize, Sing- und Spielanregungen ergeben.

So wünschen wir uns, daß Kinder wie Erwachsene, die dieses liebevoll ausgestattete Buch in die Hand nehmen, ihre Freude daran haben und viele Ideen daraus in ihr eigenes Tun umsetzen. Dazu können bereits die bewußt ganz emotional angelegten Bilder, in denen Kinder „spazieren gehen" können, auf unaufdringliche Weise anregen.

Ein Buch also, das zum kreativen Tun anregen soll und versucht, mit seinen Liedern, Geschichten, Gedichten, Rätseln und Spielvorschlägen, hierzu einen brauchbaren und ansprechenden Teil beizutragen.

Ein weiteres Buch zum Frühling und Sommer wird vorbereitet.

Liebe Eltern,

vergisst nicht, dass Eure Kinder eure Zukunft sind !
 Konditioniert sie stets so, dass sie die Zukunft
 - - die eine ganz andere sein wird, als es Eure war - -
 ertragen können, die Ihr so liebevoll und vorbildlich
 fürsorgevoll, schon heute für sie schafft.

Inhalt

Bastelvorschläge

Windräder 13
Segelboote im Wind 19
Pappbecher mit lustigen Gesichtern 25
Tischkärtchen 25
Eine helle Papiersonne 31
Einfache Masken aus Tüten 39
Ein Luftballon-Dino 45
Eine Laterne für den Martinstag 55
Die schönsten Blumen mitten
im Winter 61
Eine Maske, hinter der man sich
verstecken kann 69
Eine Geschenkidee:
Schlüsselbrett 75
Ein Nikolausteller zum Nikolaustag..... 75
Krippenfiguren aus Stein 82
Steinbilder als Weihnachtsschmuck
oder Geschenkidee 83
Bunte Schmetterlinge 95

Geschichten

Kann einer noch den Sommer
wecken 10
Fliegen ist schön 17
Heidelbeeren pflücken 23
Hanne und Lena im Nebel 29
Keine Saison für Teddybären 36
Ein Schnupper im Garten 43
Mitdenken 48
Ein Laternenzug doch mit Rabea 53
Die Geschichte von dem Mann und
dem Kind und dem Hund und dem
Schlitten im Schnee 59
Ein Seehund auf dem Sofa 66
Was sich Niki vom Nikolaus wünscht .. 73
Die Geschichte vom Weihnachts-
glöckchen 79
Ein seltsamer Schneemann 87
Die alte Babuschka und die
Schwalbe 93

Inhalt

Lieder und Spielvorschläge

Wind, Wind, sause (Windlied) 6
Spielvorschläge 8
**Seht euch an, was mein Drachen
kann** (Drachenlied) 14
Spielvorschläge 16
Heute wolln wir Himbeer'n pflücken
(Beerenlied) 20
Spielvorschlag 21
Nebel, Nebel (Nebellied) 26
Spielvorschlag 26/28
Wir spielen heute Zirkus
(Lied vom Spiele ausdenken) 32
Spielvorschlag 34
Der Dinosaurier Dino
(Dinosaurierlied) 40
Spielvorschläge 41
Ja, der Professor Superschlau ....
(Geräuschelied) 46
Spielvorschlag 47
Sankt Martin (Martinslied) 50
Spielvorschlag 52
Herr Winter, Herr Winter 56
Spielvorschlag 58
Papas alter Hut (Zauberlied) 62
Spielvorschlag 63
Wieder geht der Nikolaus
(Nikolauslied) 70
Spielvorschlag 72
Vom Christkind wollen wir singen
(Weihnachtslied) 76
Spielvorschlag 77
Paul Pulverschnee, der Schneemann 84
Spielvorschlag 85
Es ist nicht lang mehr Winter
(Winterlied) 90
Spielvorschlag 91

Inhalt

Rätsel
Drei Puste-, Schnauf- und
herbstliche Rätsel 8
Was wir im Herbst ernten 22
Rätsel von Tieren, die jeder kennt 35
Rätsel von Tieren, die es heute
noch gibt 42
Drei kleine Rätsel 52
Rätsel zum Nachahmen 65
Kinderwunschrätsel 78
Worauf wir uns im Frühling freuen 92

Spiele
Zartes Windchen, wilder Wind 9
Luftballons pusten 9
Pustespiel 9
Das Drachenschwanzspiel 16
Von oben sehen 17
Kommt ihr mit mir Äpfel pflücken 21
Gegenstände ertasten und raten 28
Riechen und Schmecken 28
Kleines Musikspiel 29
Bei den großen Dinosauriern 42
Hören und Raten: Wecker verstecken,
Akustisches Versteckspiel 47
Was passiert hinter meinem Rücken? .. 48
Raten mit dem Kassettenrecorder 48
Viele Hüte wandern im Kreis 63
Fragespiel: Was ist in dem
Säckchen drin? 72
Will ich in den Schnee, ja, dann 87
Fingerspiel: Der Frühling kommt
bald 91

Verse
Kleine Verse: Guten Tag, lieber
Winter / Leut', Leut', Leut' /
Wer will mit nach draußen gehn? /
Du liebe Zeit, es schneit, es schneit! 58

● *Windlied*

Wind, Wind, sause

Text: Rolf Krenzer / Musik: Detlev Jöcker

2. Wind, Wind, blase,
whuu, whuu,
ich dreh dir eine Nase,
whuu, whuu.
Und bläst du noch so toll,
ja, das ist wundervoll,
ja, das ist wundervoll!

3. Wind, Wind, fege,
whuu, whuu,
mach sauber alle Wege,
whuu, whuu.
Im Wind zu gehn und stehn,
ja, das ist wunderschön,
ja, das ist wunderschön!

Gesprochen:
Und weil ich das so gerne mag,
sag ich zum Wind jetzt jeden Tag:

4. Wind, Wind, sause,
whuu, whuu,
ja, sause mit Gebrause,
whuu, whuu.
Und bläst du mir durchs Haar,
ja, das ist wunderbar,
ja, das ist wunderbar!

● *Spielvorschläge zum Lied* ● *Rätsel*

● Spielvorschlag 1

Wir sitzen nebeneinander und haben die Arme umeinander gelegt.
Zur ersten Strophe schaukeln wir ganz leicht von rechts nach links oder von vorn nach hinten. Von Strophe zu Strophe wird dann unser Schaukeln immer wilder und kräftiger. Zum Schluß fallen wir uns in die Arme und halten uns ganz fest, bis es wieder von vorn losgeht.

● Spielvorschlag 2

Wir halten beide Arme hoch und wiegen sie hin und her, um so den Wind darzustellen. Wenn wir uns gegenübersitzen oder -stehen, können wir mit den gespreizten Fingern auch einander durch die Haare fahren.
Zur zweiten Strophe wiegen wir uns stärker und drehen einander eine Nase. Zur dritten Strophe nehmen wir die Arme nach unten und deuten an, wie der Wind die Wege sauber fegt.
Dann heben wir die Arme wieder hoch, breiten sie weit auseinander und drehen uns im Kreis.

● Spielvorschlag 3

Beim Gruppenspiel dürfen die Kinder, die den Wind darstellen, dazu große Seidentücher verwenden. Einige von uns stellen Bäume dar und halten ihre Arme wie Äste hoch. Dann fegen die Kinder, die den Wind spielen, mit den Tüchern zwischen den Bäumen umher, so daß ein wirklicher Luftzug entsteht, der von allen gespürt wird.

Drei Puste-, Schnauf-, und herbstliche Rätsel

Zuerst bin ich schrumplig und winzig klein.
Doch pustest du kräftig in mich hinein,
dann werde ich dick und rund und voll.
Paß auf und puste nicht zu toll,
weil ich sonst leider ganz zum Schluß
mit einem Knall zerplatzen muß.
(Luftballon)

Ach, wie muß ich mich doch plagen;
denn ich ziehe viele Wagen.
Viele Wagen, voll und schwer,
ziehe ich hinter mir her.
Auf den Schienen laufe ich.
Wenn es schwer wird, schnaufe ich.
(Lokomotive)

Im Frühling kommen sie heraus
und sehen hellgrün und niedlich aus.
Ganz groß und grün im Sommer dann
spenden sie Schatten jedermann.

Im Herbst sind sie schön anzuschaun:
Sie leuchten gelb und rot und braun.
Doch bringt der Winter Schnee uns allen,
dann sind sie längst schon abgefallen.

Zartes Windchen, wilder Wind

Kind, mein Kindchen,
es bläst ein zartes Windchen.
Paß auf, mein Kind,
jetzt bläst ein wilder Wind!

● Spielvorschlag

Unser Kind sitzt vor mir und mit dem Gesicht zu mir auf seinem Stühlchen, oder auf meinem Schoß. Mit dem zarten Windchen puste ich ihm ganz leicht und zart durch das Haar. Wenn aber der wilde Wind kommt, puste ich so wild ich nur kann.
Je deutlicher der Wechsel zwischen zartem und wildem Wind wird, um so mehr Spaß hat unser Kind daran und wird dieses einfache Spiel immer wiederholen wollen. Wenn das Kind dann selbst der Wind sein soll, muß ich zunächst den kleinen Vers dazu aufsagen.

Luftballons pusten

Wir brauchen ein paar aufgeblasene Luftballons.
Wir sitzen uns am Tisch gegenüber und legen einen Luftballon in die Mitte.
Und nun müssen wir aus Leibeskräften blasen, um den Luftballon zur anderen Seite oder vom Tisch herunter zu pusten. Das Pustespiel wird wilder, wenn noch mehr aufgeblasene Luftballons zwischen uns auf dem Tisch liegen. Wir können das Spiel auch auf dem Fußboden spielen oder den Luftballon in eine bestimmte Ecke pusten. Statt des Luftballons kann auch ein Wattebausch eingesetzt werden, ebenfalls leichtes Seidenpapier.

Pustespiel

Erst ein Hauch,
dann ein Blas,
dann ein Pusterich ...
Und der Wind
wird zum Sturm
und wird fürchterlich ...
und er weht, und er weht,
und er weht, und er weht
und er weht dich einfach um!

● Spielvorschlag

Zuerst hauchen wir uns ganz zart an, dann blasen wir und pusten immer toller.
Dann drehen wir uns um uns selbst, wobei der Text immer schneller gesprochen wird. Wenn wir nicht mehr können, lassen wir uns auf den Boden fallen.

• Geschichte

Kann einer noch den Sommer wecken?

Im Winter und im Frühling hatten sich alle den heißen Sommer herbeigewünscht. Nun brütete aber seit vielen, vielen Wochen die Hitze über dem Land, so daß eigentlich keiner mehr Lust hatte, draußen herumzulaufen oder sich sogar noch in die Sonne zu legen. Die Sonne hatte das Gras auf der Wiese verbrannt. Im Schwimmbad tummelten sich viele Kinder und Erwachsene, um sich hier wenigstens ein bißchen abzukühlen.
Es war heiß! Bereits viele Wochen lang viel zu heiß.
Hoppelheinz, der junge Feldhase, der erst in diesem Jahr geboren war, hockte neben Hoppelhugo, dem alten und klugen Hasenopa, im Gebüsch am Waldrand und wartete darauf, daß es endlich Abend und ein wenig kühler würde.
„Einen so heißen Sommer hatten wir schon lange nicht mehr!" mümmelte der Hasenopa vor sich hin. „Das Gras ist verbrannt, und der Klee hat keinen Saft mehr."
Hoppelheinz nickte betrübt.
„Regnen müßte es endlich einmal!" seufzte Hoppelhugo und blickte sehnsüchtig zum blauen Himmel hinauf. Doch dort war keine einzige Wolke zu sehen. Nur die Sonne brannte heiß und unbarmherzig auf die Erde herab, so daß das Gebüsch den beiden Hasen kaum richtigen Schatten bieten konnte.
„Ist es im Sommer immer so heiß?" fragte Hoppelheinz.
Der Hasenopa schüttelte den Kopf. „Nur dann, wenn der Sommer vor Hitze selbst eingeschlafen ist!" sagte er nach einer Weile.
„Wenn dann nicht einer losgeht und den Sommer aufweckt, dann kann es schlimm werden! Dann verbrennt schließlich alles hier. Das letzte Kleeblatt und der letzte Grashalm!"
„Und wer kann den Sommer wecken?" fragte Hoppelheinz ganz aufgeregt. „Ist schon einer unterwegs?"
„Wer weiß?" mümmelte der Alte vor sich hin. „Wer weiß?" Dann legte er seinen Kopf auf die Pfoten und war bald darauf bereits eingeschlafen.
Hoppelheinz aber konnte nicht schlafen. Er saß hoch aufgereckt neben seinem Großvater und dachte darüber nach, was er gesagt hatte. „Einer muß den Sommer aufwecken!" flüsterte er vor sich hin. „Sonst kann es schlimm werden!"

Geschichte

Aber wer konnte das sein? Hoppelheinz war ja noch so jung. Wie sollte er das wissen. Sein Großvater wußte es sicher auch nicht. Sonst hätte er es ihm bestimmt gesagt.

Da hielt es Hoppelheinz nicht mehr länger im Gebüsch aus.

„Ich muß ihm doch Bescheid sagen, wenn ich ihn finde!" flüsterte er seinem Großvater noch zu und sprang dann in weiten Sätzen davon.

Unter den hohen Buchen im Wald wartete die Rehmutter mit Renate, ihrem Rehkitz, auf die Kühle des Abends.

„Einer muß den Sommer wecken!" rief ihnen Hoppelheinz zu, als er sich für einen Augenblick bei ihnen ausruhte. „Kommt ihr mit?"

„Es ist viel zu heiß!" meinte die Rehmutter, doch das Rehkitz war sogleich bereit. „Wer soll den Sommer wecken?" fragte es.

„Weiß ich auch nicht!" antwortete der Hase und machte sich bereits wieder auf den Weg. „Aber ich muß ihn finden!"

„Warte doch!" rief da das Rehkitz und eilte in weiten Sprüngen hinter ihm her.

Als sie am Getreidefeld vorbeirannten, hockte Emma, die kleine Feldmaus, traurig vor ihrem Nest.

„Wenn es weiter so heiß bleibt", rief sie ihnen vorwurfsvoll zu, „wird eines Tages noch das ganze Getreidefeld brennen!"

„Ja!" stimmten ihr die beiden gleich zu. „Wenn einer nicht losläuft und den Sommer weckt, dann kann es schlimm werden. Dann verbrennt das letzte Kleeblatt und der letzte Halm!"

„Komm mit!" riefen die beiden. „Wir wollen ihm Bescheid sagen, bevor es zu spät ist!"

„Wartet auf mich!" piepste Emma und rannte ihnen nach, so schnell sie nur konnte.

Als sie dann plötzlich auf Ferdy, den jungen Fuchs trafen, wären sie am liebsten sogleich nach allen Seiten auseinandergelaufen und davongerannt. Doch dafür war es bereits zu spät.

„Warum rennt ihr so?" fragte Ferdy, der junge Fuchs. „Es ist doch viel zu heiß dazu!"

„Es wird noch viel schlimmer werden!" rief Hoppelheinz. „Wenn nicht einer losgeht und den Sommer weckt!"

„Wer soll den Sommer wecken?" fragte Ferdy, der junge Fuchs.

„Wissen wir auch nicht!" antworteten der Hase, das Rehkitz und Emma, die kleine Feldmaus. „Aber wir müssen ihn finden!"

„Dann werde ich es sicher sein!" schnaubte der junge Fuchs.

„Ich bin am schnellsten von euch allen!" Er stellte seinen roten Fuchsschwanz steil in die Höhe und rief: „Auf, folgt mir! Wir werden ihn bald finden!"

Und schon rannte er los. So schnell, daß ihm die anderen kaum folgen konnten.

Sie liefen über sieben Äcker und sieben Wiesen, über sieben Dämme und sieben Brücken, durch sieben Zäune und sieben Wälder, und als sie endlich hinter dem siebten Wald an einen breiten Bach gelangten, über den keine Brücke führte, da waren sie zum Umfallen müde geworden. So ließen sie sich einfach fallen, um ein wenig auszuruhen.

Hoppelheinz spitzte als erster seine Ohren. „Hört ihr das?" fragte er staunend.

Der Bach gluckerte leise vor sich hin. Aber da war noch ein anderes Geräusch, und es kam drüben von den Silberpappeln. Aufmerksam lauschten die Tiere.

„Die Blätter der Silberpappeln bewegen sich!" flüsterte Ferdy, der junge Fuchs, der auch die schärfsten Augen hatte.

Jetzt sahen es auch die anderen.

Und dann strich ihnen ein winziger Windhauch über den Kopf.

Aufgeregt schnupperte Emma, die kleine

11

● *Geschichte*

Feldmaus. „Ein Wind!" rief sie dann glücklich. „Endlich ein frischer Wind!"
Der Wind tat gut, unendlich gut! Sie räkelten sich im Wind und freuten sich, wenn er über ihren Körper strich.
Doch dann rauschten die Blätter der Silberpappeln immer lauter, und der Wind blies stärker und stärker.
Und dann entdeckte das Rehkitz hoch über ihnen die ersten Wolken.
Ja mit großer Kraft trieb der Wind die Wolken vor sich her.
„Jetzt wird der Sommer geweckt!" rief Hoppelheinz glücklich. Da stand plötzlich Adebar, der alte Storch neben ihnen. Sie hatten gar nicht bemerkt, daß er herangeflogen war. Er blickte mißtrauisch zu den Wolken am Himmel hinauf. „Der Sommer muß gehen!" sagte er, und seine Stimme klang ein bißchen traurig. „In diesem Jahr wird ihn keiner mehr wecken und halten können!"
„Dafür ist jetzt der Herbst gekommen, hellwach und munter, frisch und kühl. Seht nur, schon bringt er mit den Wolken den ersten Regen. Vielleicht noch viel Wind und Sturm dazu!"
Als sie sich umblickten, sahen sie, daß sich die Silberpappeln bereits im Wind bogen.
„Ja, so ist das!" nickte der Storch und klapperte ein paarmal mit seinem langen Schnabel.
„Bald werden die Menschen das Korn auf den Feldern mähen und dreschen. Sie werden die Kartoffeln aus den Äckern graben und die Äpfel und Pflaumen im Garten pflücken. Das wird noch eine schöne Zeit werden. Aber dann …"
„Was dann?" fragten ihn die jungen Tiere aufgeregt. Sie waren ja erst in diesem Jahr geboren worden und wußten noch so wenig.
„Dann wird irgendwann der Winter hier einziehen mit Eis und Schnee. Dann wird es schwierig für euch werden, etwas zum Fressen zu finden. Nur die Maus hat es gut! Sie wird ein paar Vorräte sammeln und dann in der Erde so lange schlafen, bis es draußen wieder warm wird."
„Und du?" fragten ihn die jungen Tiere.
„Ich werde verreisen!" antwortete der Storch und klapperte ein paarmal kräftig mit dem Schnabel. „In den Süden, wo es warm ist. Aber wenn hier der Frühling wieder einzieht, komme ich zurück. Ganz bestimmt!"
Er nickte den Tieren noch einmal zu, dann breitete er seine Flügel weit aus und flog über den Bach davon.
„Du hast den falschen geweckt!" sagte da Hoppelheinz ärgerlich zu Ferdy, dem jungen Fuchs.
„Jetzt ist es mit dem Sommer aus, und der Herbst ist da!"
„Warte nur, dich kriege ich!" rief da der Fuchs böse und rannte auf Hoppelheinz zu. Doch der junge Hase war schneller, ebenso Emma, die Maus und das Rehkitz. Nach allen Seiten rannten sie davon und der Fuchs kriegte keines zu fassen.
Als später dann Hoppelheinz neben seinem Großvater im Gebüsch hockte, das ihnen Schutz vor dem Regen bot, freute sich der Alte. „Der Regen tut dem Klee gut!" sagte er zufrieden. „Endlich wird uns unser Futter wieder schmecken."
„Aber der Fuchs hat den Falschen geweckt!" meinte Hoppelheinz traurig.
Der alte Hase schüttelte den Kopf. „Nein!" sagte er dann. „Der Herbst ist jetzt dran. Es ist Jahr für Jahr dasselbe. Ein ewiges Kommen und Gehen!"
Aber das verstand Hoppelheinz nicht mehr. Schließlich war er ja erst in diesem Jahr geboren worden und würde alles selbst noch erleben.

● *Bastelvorschlag*

Windräder

Windräder gibt es in vielfältiger Ausführung überall im Spielwarenhandel zu kaufen. Wir können mit ihnen im Wind laufen, den wir selbst durch unser Bewegen erzeugen, wir können sie durch Blasen und Pusten zum geschwinden Drehen bringen. Wir können sie aber auch auf dem Balkon oder vor dem Fenster so gut befestigen, daß sie über einen längeren Zeitraum dort bleiben können und sich im Wind drehen. Da macht allein das Zuschauen schon Spaß!
Wer es aufwendiger haben will, kann im Kunsthandwerkhandel etwa vierzig cm große aus Holz ausgesägte Enten mit zwei anmontierten großen Flügeln erwerben, die sich im Wind drehen.
Ein ganz besonderes Windrad aber, das bestimmt nicht jeder hat und das heute ganz besonders auffällt, haben unsere Großeltern und Urgroßeltern bereits selbst gebastelt.
Diese Windräder werden aus buntem Karton geschnitten.
Zuerst müssen wir mit dem Zirkel für jedes Windrad zwei ineinanderliegende Kreise (einer 9 cm, der andere 5 cm Durchmesser) zeichnen.
Den inneren Kreis teilen wir in 12 gleichgroße Teile.

Bastelanleitung

Zunächst schneiden wir den äußeren Kreis aus, so daß ein Rad entsteht. Dann wird es schwieriger. Am besten tauschen wir die Schere gegen ein scharfes Messer aus und schneiden an einem Lineal aus Eisen oder Stahl entlang die zwölf Striche der zwölf Teile von außen nach innen zur Mitte aus. So entstehen zwölf dreieckige Felder, die wir nun abwechselnd nach rechts und nach links herausbiegen.
Auf jeder Seite unseres Windrades stehen sechs kleine Schaufeln heraus.
Wenn sie der Wind faßt, treibt er dann die Windräder so schnell vor sich her, daß man Mühe hat, sie wieder einzuholen.
Unsere Urgroßeltern hatten noch keine Verkehrsprobleme wie wir. Sie konnten diese Windräder an vielen Orten im Wind laufen lassen. Wir müssen darauf achten, daß wir eine ungefährliche Sackgasse, eine Spielstraße oder beim Spaziergang einen abgelegenen Weg finden.
Aber der Spaß lohnt sich!

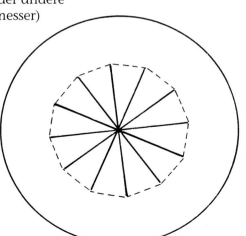
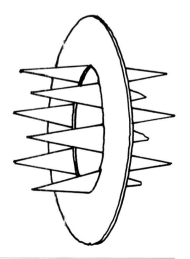

13

● *Drachenlied*

Seht euch an, was mein Drachen kann

1. Seht euch an, was mein Dra-chen kann. Ihr Leu-te, seht nur her: Er

zap- pelt im- mer mehr und will so hoch auf- stei- gen und

sich den Leu-ten zei-gen. Er schaut sich al-les dann von o- ben an.

2. Seht euch an,
was mein Drachen kann.
Ich nehm' die Schnur und lauf'.
Schon steigt mein Drachen auf.
Er will zum Himmel fliegen
und sich im Winde wiegen.
Er schaut sich alles dann
von oben an.

3. Seht euch an,
was mein Drachen kann
aus Holz und aus Papier
steht er hoch über mir.
Er treibt es immer bunter
und schaut zu mir hinunter
und schaut uns alle dann
von oben an.

4. Seht euch an,
was mein Drachen kann.
Jetzt zieht er immer nur
ganz fest an meiner Schnur.
Und mit dem bunten Schwänzchen
tanzt er ein Drachentänzchen.
Er schaut sich alles dann
von oben an.

5. Seht euch an,
was mein Drachen kann.
Ich möchte ganz allein
mit ihm dort oben sein
und über Felder fliegen
und mich im Winde wiegen.
Wir schaun uns alles dann
von oben an.

6. Doch zum Glück
kommt er zu mir zurück.
Muß ich nach Hause gehn
und seine Schnur aufdrehn,
dann denk' ich: Leider, leider!
Doch morgen geht's ja weiter.
Er schaut sich alles dann
von oben an.

● Spielvorschläge zum Lied ● Spiele

● Spielvorschlag 1

Wir stehen im Kreis und halten uns an den Händen und stellen so einen ganz großen Drachen dar.
Zuerst zappeln wir hin und her, dann werden unsere Bewegungen immer weiter und leichter, so, als würden wir wirklich fliegen. Dabei dreht sich unser Kreis leicht in einer Richtung. Wir schaukeln leicht hin und her und legen uns dann, wenn wir ganz oben sind, auf den Boden, schließen die Augen und träumen, auf einer Wolke zu liegen und ganz leicht hin und her zu schaukeln. Danach erheben wir uns, fassen uns an den Händen und schweben zur letzten Strophe wieder zur Erde zurück.

● Spielvorschlag 2

Einer darf ein Drachen sein und wirklich in der Luft hin und her schaukeln. Wir nehmen unser Kind zu zweit zwischen uns auf die Arme und schaukeln es leicht hin und her zu dem Lied. Das ist besonders schön, wenn wir dazu noch die Augen schließen. Wir können auch das Kind auf eine Decke legen, die Decke dann an allen vier Enden hochnehmen und leicht mit dem Kind schaukeln.
Wenn wir unser Kind auf eine weiche Matte auf den Boden legen und über ihm zu zweit eine bunte Decke halten, die wir ganz leicht hin und her bewegen, entsteht auch für das Kind der Eindruck, daß es fliegt und geschaukelt wird.

● Spielvorschlag 3

Jeder darf ein Drachen sein. Wir breiten die Arme weit aus und fliegen ganz behutsam im Kreis herum oder über den Spielplatz, die Wiese oder einen ungefährlichen Weg.

Wenn wir ganz vorsichtig „fliegen", können wir sogar für kurze Zeit einmal unsere Augen schließen.

Das Drachenschwanz-Spiel

Wir brauchen ein Stück Papier, Farbstifte, eine Schere und einen Farbenwürfel.
Auf das Papier zeichnen wir einen ganz einfachen bunten Drachen mit einem langen Schwanz, an dem viele rote Schleifen befestigt sind.
Nun würfeln wir reihum mit dem Farbenwürfel.
Immer wenn einer die rote Farbe würfelt, darf er ein Stück Schwanz mit einer roten Schleife abschneiden. So wird der Schwanz immer kürzer, und wir kommen immer näher an den Drachen heran. Wer dann die letzte Schleife abschneiden darf, erhält auch den Drachen.

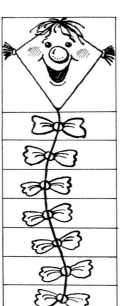

Variation: Wer nach der letzten Schleife noch einmal die rote Farbe würfelt, bekommt den Drachen.
Selbstverständlich können Sie sich mit Ihrem Kind auch auf eine andere Farbe einigen.
Wenn Ihr Kind bereits selbst ausmalen kann, kann die Spielaufgabe gestellt werden, daß entsprechend der vorher festgelegten und dann gewürfelten Farbe jeweils eine Schleife am Schwanz selbst ausgemalt und abgeschnitten werden soll.

Spiele ● *Geschichte*

Von oben sehen

Wir halten unser Kind gut fest, wenn es auf dem Tisch oder einem sonstigen erhöhten Platz stehen darf. Nun soll es sagen, was es von oben alles sehen kann. Oft sieht es andere Dinge als wir von unten, manchmal mehr, manchmal weniger. Es sieht, was auf dem Schrank liegt oder was in einem Topf ist, in den man nur von hier oben hineinschauen kann usw.

Das Spiel kann mit der bekannten Frage „Ich sehe was, was du nicht siehst" begonnen werden.

Spaß macht es auch, wenn man einmal alles „von unten" sieht und dann die anderen raten läßt. Hierzu legt sich das Kind auf den Boden.

Fliegen ist schön.

„Ja, einmal wirst du richtig durch die Luft fliegen!"

Mama und Papa haben es immer wieder gesagt, aber Lotti hat es einfach nicht geglaubt.

Ja, mit dem Flugzeug fliegen, das ist kinderleicht. Man braucht nur auf dem Flughafen in das Flugzeug einzusteigen, macht es sich auf seinem Sitz am Fenster bequem, und schon fliegt man los. Das kann jeder! Und außerdem gibt es noch etwas zu essen und zu trinken. Sogar Tomatensaft, Lottis Lieblingsgetränk. Ja, mit dem Flugzeug fliegen ist leicht! Schließlich ist Lotti bereits zweimal damit geflogen und hat überhaupt keine Angst gehabt.

Aber so richtig durch die Luft fliegen wie ein Vogel oder ein Drachen?

Nein, das kann Lotti sich nicht vorstellen.

„Das geht doch gar nicht!" sagt sie immer wieder und lacht.

„Würdest du denn gern wie ein Drachen fliegen?" fragt Papa, als sie alle zusammen im Urlaub sind.

„Ja!" sagt Lotti. Und wenn sie das sagt, dann meint sie es auch so.

„Also, gut!" lacht Papa, und dann fahren sie alle zusammen mit dem Auto zu dem großen See.

Es ist ein richtig schöner warmer Tag. Die Sonne scheint heiß vom Himmel herunter. Dabei hat der Herbst bereits vor ein paar Tagen angefangen.

Und dann entdeckt Lotti den großen bunten Drachen in der Luft.

Nein, es ist gar kein Drachen! Es ist ein riesiger bunter Schirm, der über den See gleitet. Und an dem Schirm hängt ein Mann. Lotti kann ihn ganz deutlich sehen. Ein Mann in einem blauen Jogginganzug.

Mit offenem Mund starrt Lotti zu dem Mann und dem Riesenschirm hinauf.

„Gefällt dir das?" fragt Papa.

Lotti nickt nur.

„Das hättest du nicht gedacht?" sagt Mama und lacht.

Lotti schüttelt den Kopf.

„Sie halten ihn mit einem Seil fest!" erklärt ihr nun Sven, Lottis großer Bruder.

„Wo?" fragt Lotti.

„Dort!" Sven zeigt auf das kleine Motorboot, das unter dem riesigen bunten Schirm durch das Wasser gleitet. Man steigt zuerst in das Boot, dann machen sie dich an dem Fallschirm fest. Dann flitzt das Boot los, und du steigst in die Luft!"

„Ehrlich?" fragt Lotti und blickt Papa an.

„Ehrlich!" sagt Papa und nickt.

„Also, wie sieht es aus?" fragt Sven nun. „Du willst doch mal fliegen!"

● Geschichte

Lotti schüttelt den Kopf.
„Hast du doch immer gesagt!" Er nimmt Lotti an der Hand und will mit ihr zum Bootssteg hinunter. Lotti wehrt sich verzweifelt.
„Nicht allein!" sagt Papa bestimmt.
Jetzt kann Lotti wieder lächeln. Ja, mit Papa würde sie sich trauen.
„Wir beide zusammen?" fragt sie und gibt Papa die Hand.
„Mit mir nicht!" Papa schüttelt den Kopf. „Ich bin zu schwer dafür!"
Mama lacht ein bißchen. Sven blickt Papa kurz an und grinst.
„Bist du schon mal so geflogen?" fragt Lotti Papa.
Papa schüttelt den Kopf.
„Aber Mama schon!" sagt Sven.
„Ehrlich?" fragt Lotti, und Mama nickt.
„Traust du dich auch?" fragt Mama Lotti und geht einfach los zum Bootssteg.
Lotti wartet einen Augenblick noch. Dann macht sie sich von Papas Hand los und rennt hinter Mama her.
Ein bißchen Angst hat sie schon, als Mama ihr beim Einsteigen hilft. Doch als Mama ihr zulächelt, lächelt sie mutig zurück.
„Wir Frauen schaffen das schon!" sagt Mama und läßt sich von einem Mann auf dem Boot den bunten Schirm anbinden.
„Ich bin schon öfter geflogen!" sagt sie, und der Mann nickt ihr zu. Ja, er kennt Mama noch. „Im Sommer?" fragt er, und Mama nickt.
„Und du willst auch fliegen?" fragt der Mann Lotti.
„Ja!" antwortet Lotti leise.
„Alle Achtung!" sagt der Mann. Und dann nimmt Mama Lotti auf den Arm, und der Mann befestigt beide so, daß nichts passieren kann.
„Also, los!" lacht der Mann dann und startet den Motor. Schon schießt das Boot mit Lotti und Mama und dem bunten Schirm hinaus auf den See.
Da fühlt sich Lotti plötzlich hoch gehoben. Ja, wirklich, sie steigt mit Mama an dem bunten Schirm hoch in die Luft bis in den Himmel hinein. Nicht ganz so hoch, aber Lotti kommt es so vor.
„Ist das schön?" fragt Mama.
Lotti nickt nur. Sie kann nichts sagen. So schön ist das.
„Dort unten stehen Papa und Sven!" sagt Mama, und Lotti kann sie wirklich am Ufer neben dem Bootssteg sehen.
„Fliegen ist schön!" sagt Lotti leise und schließt die Augen vor Glück.
Viel, viel später, als sie wieder mit Mama bei Papa und Sven ist, drängt sie Sven, auch einmal zu fliegen. Aber Sven schüttelt den Kopf.
„Ich bin zu schwer!" sagt er.
„Du hast nur Angst!" lacht Lotti ihn aus.
Sven blickt sie fast böse an. „Nein, ich bin zu schwer!" sagt er noch einmal.
Da läßt Lotti ihn in Ruhe. „Wie Papa!" sagt sie nur noch und blinzelt Mama zu.
Und Papa?
Er legt den Arm um Lotti. „Vielleicht fliegen wir beide nächstes Jahr einmal zusammen!" sagt er und lacht.
Ein wunderschöner Herbsttag ist heute. So schön, nein, fast noch schöner als im Sommer! ❖❖❖

• *Bastelvorschlag*

Segelboote im Wind

Der Herbstwind läßt den Drachen steigen, aber er pustet auch in die Segel unserer Schiffe, so daß sie schnell über das Wasser gleiten. Und wenn der Herbstwind noch nicht richtig in Form ist, dann pusten wir halt selbst unser Segelschiff über das Wasser einer großen Schüssel, der Badewanne oder der Dusche.

Um ein solches Schiff mit unserm Kind gemeinsam zu bauen, suchen wir nach dünnen Rindenstücken, und dünnen Hölzern. Wenn wir für die Segel buntes Papier oder etwas Stoff verwenden, gleitet unser Boot bald mit stolzgeschwellten Segeln über das Wasser.

Mit dem Taschenmesser bohren wir in die Rinde zwei Vertiefungen und stecken dort die Rundhölzer hinein. Sie sind unsere Masten, an denen wir nun nur noch die Segel befestigen müssen.

Wir können ganz leicht auch wie auf der Abbildung die Hölzer so durch das Papier stecken, daß sich sogleich das geblähte Segel bereits wölbt.

Natürlich müssen die Segel unserer stolzen Segelboote dann noch mit knallig bunten Mustern vielleicht auch mit bunten Klebebildern, beklebt werden, um so richtig gut zu wirken.

Jetzt brauchen wir nur noch Wasser und Wind, und die große Seefahrt kann beginnen.

Wenn wir zwei oder noch mehr Segelboote haben, können wir auch einen kleinen Puste-Wettkampf austragen.

Bastelanleitung

● *Beerenlied*

Heute wolln wir Himbeer'n pflücken

Text: Rolf Krenzer / Musik: Detlev Jöcker

2. Heute wolln wir Brombeer'n pflücken?
Brombeer'n schmecken toll!
Mußt den Rücken
etwas bücken.
Wenn wir heute Brombeer'n pflücken,
ist der Korb bald voll,
ist der Korb bald voll!

3. Heute wolln wir Blaubeer'n pflücken?
Blaubeer'n schmecken toll!
Mußt den Rücken
etwas bücken.
Wenn wir heute Blaubeer'n pflücken,
ist der Korb bald voll,
ist der Korb bald voll!

Spielvorschlag zum Lied ● *Spiele*

4. Heute wolln wir Äpfel pflücken?
Äpfel schmecken toll!
Etwas recken,
tüchtig strecken!
Wenn wir heute Äpfel pflücken,
ist der Korb bald voll,
ist der Korb bald voll!

5. Heute wolln wir Birnen pflücken?
Birnen schmecken toll!
Etwas recken,
tüchtig strecken!
Wenn wir heute Birnen pflücken,
ist der Korb bald voll,
ist der Korb bald voll!

6. Heute wolln wir Pflaumen pflücken?
Pflaumen schmecken toll!
Etwas recken,
tüchtig strecken!
Wenn wir heute Pflaumen pflücken,
ist der Korb bald voll,
ist der Korb bald voll!

● Spielvorschlag

Wir gehen im Kreis herum und suchen nach den Himbeeren. Wenn wir sie entdecken, pflücken wir sie pantomimisch und legen sie dann in den Korb.
Bei den Brombeeren müssen wir uns bereits tiefer bücken. Dann schließlich bei den Blaubeeren so tief, wie wir nur können.
Dann geht es zu den Äpfeln. Jetzt müssen wir uns recken, um an die Äpfel heranzukommen und sie abzupflücken.
Die Birnen hängen noch höher. Also müssen wir uns noch mehr recken.
Und dann die Pflaumen erst. Da müssen wir sogar auf die Zehenspitzen, um sie noch zu erreichen.

Kommt ihr mit mir Äpfel schütteln?

Kommt ihr mit mir Äpfel schütteln?
Du und du und du!
Bäumchen rütteln,
Äpfel schütteln,
Bäumchen rütteln,
Äpfel schütteln
geht bei uns im Nu!

(Zur Melodie von: Heute wolln wir Himbeer'n pflücken)

● Spielvorschlag 1

Unser Kind sitzt auf unserem Schoß, wenn gerüttelt und geschüttelt wird, schütteln wir es hin und her und lassen es zum Schluß ganz behutsam auf den Boden plumpsen.

● Spielvorschlag 2

Beim Spielen mit der Gruppe gehen wir zu dem Vers in zwei Richtungen im Kreis herum. Dann bleiben wir voreinander stehen und jeweils zwei Mitspieler rütteln und schütteln sich, so fest sie nur können. Dann geht es weiter zum nächsten Baum. Auch der Text kann sich entsprechend verändern:

Kommst du mit mir Birnen schütteln?
Kommt ihr mit mir Pflaumen pflücken?
Wolln wir Mirabellen schütteln usw.

21

• *Rätsel*

Was wir im Herbst ernten können (Rätsel)

Wer ist so klug, wer ist so schlau,
dem schütt'le ich was vom Bäumchen:
Es ist innen gelb und außen blau,
hat mittendrin ein Steinchen.

(Pflaume)

Am Baum im Garten kannst du mich pflücken.
Du ißt mich ganz und in kleinen Stücken.
Ich bin fast wie ein Ball so rund.
Die Schale rot und grün, ganz bunt.
Innendrin hab' ich braune Kerne.
Alle essen mich sehr gerne.

(Apfel)

Tief im Wald mußt du mich suchen.
Schmecke gut auf einem Kuchen.
Ich bin rund und blau und klein.
Steck' mich in den Mund hinein.
Blau die Zähne und der Mund.
Ich bin süß und so gesund!

(Blaubeere/Heidelbeere)

Jedermann, der Hunger hat,
ißt von mir und wird gleich satt.
Dufte herzhaft, schmecke lecker,
komme geradewegs vom Bäcker.
Bin für dich das beste Futter,
mal mit Wurst und mal mit Butter.

(Brot)

Heidelbeeren pflücken

Heiko geht mit Hanni Heidelbeeren pflük-
ken. Oma hat ihnen einen großen Eimer
und zwei Becher mitgegeben. Einen Becher
für Heiko und einen für Hanni.
Zuerst werden die Becher voll gepflückt und
dann in den großen Eimer ausgeleert. Im
Wald hinter Omas Haus wachsen jetzt die
besten Heidelbeeren.
„Oma backt Heidelbeerkuchen!" sagt Heiko.
„Heidelbeerkuchen mag ich gern!"
„Ja," sagt Hanni, „nun pflücke mal tüchtig,
damit Oma genug Heidelbeeren für den
Kuchen hat!"
Heiko setzt sich zwischen die Heidelbeer-
büsche und stellt seinen Becher vor sich auf
die Erde.
„Oma backt auch Heidelbeertorte!" sagt
Heiko nach einer Weile. „Heidelbeertorte
mag ich gern!"
„Pflück' mal tüchtig!" sagt Hanni. „Damit
Oma auch genug Heidelbeeren dafür hat."
Heiko seufzt und stöhnt beim Pflücken.
Hanni ist schnell. Sie leert bald ihren ersten
vollen Becher in den großen Eimer aus.
„Heidelbeeren mit Zucker mag ich auch
gern!" sagt Heiko nach einer Weile.
„Magst du auch Heidelbeeren mit Zucker?"
„Ja, mag ich gern!" sagt Hanni. „Aber nun
pflück' mal tüchtig, damit Oma genug
Heidelbeeren hat!"
„Und Heidelbeeren mit Zucker und Milch
mag ich gern!" sagt Heiko.
„Du auch, Hanni?"
„Mag ich auch!" sagt Hanni. „Wieviele
Heidelbeeren hast du denn schon? Ist dein
Becher bald voll?" „Ich kann immer noch
den Boden sehen!" sagt Heiko leise.
„Dann pflück' mal tüchtig," sagt Hanni,
„damit Oma genug Heidelbeeren hat!"
Sie leert bereits den zweiten Becher in den

großen Eimer aus.
„Heidelbeermarmelade mag ich auch
gern!" sagt Heiko nach einer Weile.
„Magst du Heidelbeermarmelade auch
gern?"
„Ja, mag ich gern!" sagt Hanni.
„Und Heidelbeergelee?" fragt Heiko.
„Kenn ich nicht", sagt Hanni, „schmeckt
aber sicher auch gut! Oma braucht viele
Heidelbeeren dazu. Hast du denn jetzt dei-
nen Becher voll?"
„Bald!" sagt Heiko. „Ich kann nur noch ein
ganz bißchen vom Boden sehen!"
„Pfannkuchen mit Heidelbeeren mag ich
gern!" sagt Heiko nach einer Weile.
„Magst du auch Pfannkuchen mit Heidel-
beeren?"
Hanni gibt ihm keine Antwort mehr.
„Hanni?"
Hanni schweigt ärgerlich.
„Hanni, magst du auch Pfannkuchen mit
Heidelbeeren?" fragt Heiko.
„Jetzt pflücke endlich!" sagt Hanni böse.
„Ich habe jetzt schon den vierten Becher in
den Eimer ausgeleert!"
„Fein!" sagt Heiko. „Heidelbeerpudding mag
ich auch gern!"
Und weil Hanni wieder nicht antwortet,
begibt er sich erneut seufzend an das Pflük-
ken.
„Mein Becher ist bald voll!" sagt Heiko
nach langer Zeit glücklich. „Jetzt kann ich
den Boden nicht mehr sehen!"
„Komm her!" sagt Hanni. „Schütte ihn in
den Eimer. Der Eimer ist voll, und Oma wird
sich freuen!"
Da schüttet Heiko die Heidelbeeren aus
seinem kleinen Becher in den großen Eimer
und wundert sich, daß man nicht erkennen
kann, wie viele jetzt aus seinem Becher auf

● *Geschichte*

einmal noch dazugekommen sind.
Der Eimer ist schwer. Er ist bis zum Rand voll Heidelbeeren.
„Ich trage den schweren Eimer!" sagt Heiko stolz und nimmt ihn Hanni aus der Hand.
„Kannst du das wirklich?" fragt Hanni ein bißchen ängstlich.
„Ich bin doch schon groß!" sagt Heiko und stapft mit großen Schritten durch den Wald. Hanni kommt hinter ihm her.
„Heidelbeereis mag ich auch gern!" sagt Heiko und vergißt, vor sich auf die Erde zu sehen. So sieht er natürlich auch die große Baumwurzel direkt vor seinen Füßen nicht. Und weil Heiko mit dem Eimer stolpert und fällt und weil all die vielen schönen Heidelbeeren nun überall verstreut herumliegen, gibt es heute bei Oma
    keinen Heidelbeerkuchen,
    keine Heidelbeertorte,
keine Heidelbeeren mit Zucker,
keine Heidelbeeren mit Zucker und Milch,
keine Heidelbeermarmelade,
keinen Heidelbeergelee,
keinen Heidelbeerpudding
und kein Heidelbeereis.

Es gibt heute nur Pfannkuchen mit frischen Heidelbeeren.
Dafür haben die Heidelbeeren noch gereicht, die Hanni mühsam wieder vom Waldboden in den Eimer aufgesammelt hat.
Aber das macht nichts.
„Pfannkuchen mit Heidelbeeren mag ich gern!" verkündet Heiko laut. „Eigentlich mag ich Pfannkuchen mit Heidelbeeren am allerliebsten!" ❖❖❖

● *Bastelvorschläge*

Pappbecher mit lustigen Gesichtern

Wenn wir zu Beerenpfannkuchen mit Milch, Kakao oder Saft einladen wollen, brauchen wir besonders hübsche Becher.
Einfache weiße Pappbecher lassen sich mit Buntpapier, einer Schere und etwas Leim zu lustigen Menschen- und Tiergesichtern verwandeln, aus denen es dann ganz besonders gut schmeckt.
Wenn wir die bunt geschmückten Becher als „Geburtstagsbecher" benutzen, darf später jeder Geburtstagsgast seinen Becher mit nach Hause nehmen und wird sich gern an die Feier erinnern.

Tischkärtchen

Damit jeder Gast weiß, wohin er sich beim Geburtstag oder einer sonstigen Einladung hinsetzen darf, stellen wir bunte Tischkärtchen auf.
Wir knicken ein Stück Pappe oder Karton einmal in der Mitte (etwa halb so groß wie eine Briefkarte). Dann suchen wir uns in alten Katalogen oder Prospekten Bilder, die uns besonders gut gefallen, heraus, z.B. einen Teddybären, einen Stoffhund, einen bunten Ball. Wir schneiden sie aus und kleben jeweils eins auf die Vorderseite des Tischkärtchens.

Selbstverständlich können die abgebildeten Dinge auch direkte Beziehung zu den eingeladenen Gästen haben. Für Onkel Theo, der so gern fotografiert, schneiden wir einen Fotoapparat aus und kleben ihn auf. Tante Lilo mit ihrem Pudel findet natürlich auch einen Hund auf ihrem Tischkärtchen.
Und wer am liebsten immer Fernsehen gucken will, ... nun ja!
Auf der Rückseite des Tischkärtchens soll nun noch der Name oder der Anfangsbuchstabe des Namens geschrieben werden.

Bastelanleitungen

25

• *Nebellied*

Nebel, Nebel

Text: Rolf Krenzer / Musik: Detlev Jöcker

2 Nebel, Nebel!
Sag, wo bist du?
Ich suche dich im Nebel
doch immerzu.

Nebel, Nebel!
Sag, bist du da?
||: Ich spüre dich im Nebel.
Da bist du ja! :||

3. Nebel, Nebel
liegt auf dem Land.
Doch wir gehn durch den Nebel
jetzt Hand in Hand.

Nebel wird mal
verschwunden sein.
||: Wie schön ist nach dem Nebel
der Sonnenschein! :||

● **Spielvorschläge**

Im Nebel ist es schwerer als sonst, sich zurechtzufinden und den anderen zu finden. Wir können das in einem Kreisspiel ausprobieren.

Zunächst stellen wir uns alle im Kreis herum. Dann schließen wie die Augen und gehen zu dem Lied ganz behutsam auf das Innere des Kreises zu.
Wenn wir die erste Strophe singen, sind wir noch ganz allein.
Zur zweiten Strophe kommen wir schon näher an die anderen, die ebenfalls mit geschlossenen Augen im Kreis herumgehen, heran und spüren sie bereits.
Wir spüren, daß wir nicht allein sind.

● *Spielvorschlag zum Lied* ● *Spiele*

Dann strecken wir zur dritten Strophe unsere Hände aus und freuen uns über die Hände, die sich uns entgegenstrecken. Wir halten sie ganz fest und lassen sie nicht wieder los. Sollten noch weitere Hände dazukommen, halten wir sie noch dazu ganz fest.

Erst in der letzten Zeile öffnen wir die Augen und sehen uns an.

Wenn es uns gelingt, wirklich die Augen bis zum zweiten Teil der letzten Strophe geschlossen zu halten, ist es eindrucksvoll mitzuerleben, wie unser Gesang dann fester und lauter wird, wenn wir die Hände anderer Mitspieler spüren und drücken. Wenn wir dann zum Schluß die Augen öffnen und sehen, wen wir an unserer Hand halten, ist die Überraschung oft groß und es wird richtig laut.

Ein Spiel, das ohne große Worte Geborgenheit und Angenommensein elementar erleben läßt.

Kleine Kinder, die noch nicht lange die Augen schließen können, erfahren ganz bestimmt auch etwas von dieser Geborgenheit, wenn wir ihnen ganz behutsam mit unseren Händen die Augen zuhalten und sie führen usw.

Gegenstände ertasten und raten

Die Dunkelheit hat etwas Faszinierendes, wenn unser Kind sie in einer Geborgenheit erleben kann, die in der engen Verbundenheit zu dem Erwachsenen, den es gut kennt und lieb hat, spielerisch erfahren wird.

Voraussetzung für ein einfaches Ratespiel bildet auch der Raum, in dem das Spiel gespielt wird. Er muß dem Kind bekannt und vertraut sein.

Wir nehmen das Kind vor uns und halten ihm behutsam beide Augen zu. Dann gehen wir mit ihm im Zimmer herum. Dabei darf das Kind seine Hände weit nach vorne strecken.

Wir führen das Kind an einen bekannten Gegenstand heran, so nah, daß es ihn mit seinen Händen abtasten kann. Dazu sagen wir:

Sag mir blind,
wo wir sind!

Nun darf unser Kind raten, wo es sich im Zimmer befindet, am Kühlschrank, an der Heizung, vor dem Küchenschrank, an der Spüle, am Fernseher, am Radio ... usw.

Wenn einzelne Gegenstände „blind" erraten werden sollen, sagen wir:

Kein Wasser und kein Sand!
Sag, was hast du in der Hand?

Nun kann das Kind raten, was es ist, was wir ihm in die Hand geben.

Es kann beide Hände zum Tasten benutzen. Angeboten werden können: ein Handtuch, ein Waschlappen, ein Topf, ein Kaffeekessel, der Salzstreuer, eine Kartoffel, eine Gurke usw.

Riechen und Schmecken

Neben dem Tasten können natürlich auch die anderen Sinne eingesetzt werden, um Dinge zu erraten.

Auf einem Tellerchen liegt verschiedenes Obst. Nun soll das Kind mit zugehaltenen oder verbundenen Augen probieren und dann erraten, um was es sich handelt. Wichtig ist, daß nicht zu viele Sorten auf dem Tellerchen liegen. Schon mit drei Obstsorten kann probiert und geraten werden: Ein Stück Apfel, ein Stück Birne, ein Stück

Pfirsich, Erdbeere, Ananas, Himbeere, rote, schwarze Johannisbeere, Stachelbeere, Kiwi, Pampelmuse, Apfelsine, Zitrone, Banane usw.

Welche Wurst ist das?
Was ist das für ein Kuchen?
Wie heißen diese Plätzchen?
Welcher Käse ist das?
Kennst du dieses Bonbon?
Wie heißt diese Blume, dieses Kraut?

Kleines Musikspiel

Wir brauchen nur ein ganz einfaches Musikinstrument, eine Flöte, ein Triangel, eine Mundharmonika, einen Klangstab oder sonst etwas, was irgendwelche Töne von sich gibt.
Wenn das Instrument erklingt, darf sich unser Kind von seinem Platz fortbewegen. Wenn das Instrument verklungen ist, muß es sich ganz still hinsetzen oder legen, bzw. sich ganz schnell wieder auf seinen Platz zurückbegeben.
Durch lautes und leises Instrumentenspiel können Hilfen gegeben werden, z.B.
lautes Spiel = schnelles Bewegen,
leises Spiel = langsamer werden
ganz leises Spiel = wieder zum Platz zurückkehren.

Hanne und Lena im Nebel

„Nein, heute nehmen wir besser nicht das Auto!" sagt Mutti, als sie Lena zum Kindergarten bringen will.
Heute morgen ist so dichter Nebel, daß Lena noch nicht einmal von der Haustür aus das Gartentürchen sehen kann. Ein paar Schritte, dann ist alles verschwommen und weiß. Nein, so dicken Nebel hat Lena noch nie erlebt.
„Laufen tut uns auch mal gut!" sagt Mutti und nimmt Lena an der Hand.
Bevor sie losgehen, prüft Mutti aber noch einmal nach, ob der neue warme Schal richtig umgebunden ist und die Mütze auch über beide Ohren geht. Richtig kalt und unfreundlich ist es heute morgen.
Als sie auf die Straße kommen, hasten die Leute an ihnen vorbei. Jeder hat es eilig, aber man muß gut aufpassen, nicht mit jemand zusammenzustoßen. Es ist wirklich kaum etwas zu erkennen.
„Der Nebel schluckt alles" sagt Mutti und hält Lena ganz fest an der Hand, damit sie nicht aus Versehen auf die Straße gerät. Von den Autos, die neben ihnen vorübergleiten, sind nur die hellen Nebelscheinwerfer und Rücklichter zu erkennen. Als sie eine Weile gegangen sind, spürt Lena, wie die feuchte Kälte an ihren Beinen hochsteigt. Auch die Hand, die nicht in Muttis Hand steckt, ist richtig klamm. So ist Lena froh, daß Mutti immer schneller geht. Sie freut sich bereits auf den Kindergarten. Dort ist es warm und gemütlich. Und weit bis dahin ist es ja auch nicht mehr.
„Ja, mit dem Auto geht es doch schneller!" meint Mutti und denkt daran, daß sie ja gleich den ganzen Weg wieder zurück nach Hause laufen muß. Na, vielleicht wird sie kurz noch einmal in das Schuhgeschäft hineinschauen, an dem sie jetzt mit

● *Geschichte*

Lena vorübereilt. Ein paar neue warme Winterstiefel könnte sie dieses Jahr brauchen. Wenn erst einmal der naßkalte Nebel kommt, dann steht auch der Winter schon vor der Tür.

„Hallo, Lena!"

Das ist doch wirklich Hanne, die plötzlich hinter ihr herkommt und sie an der Jacke zieht. Hanne zieht ihre Mutter an der Hand hinter sich her.

Lena und Hanne sind gut Freundinnen, aber seit diesem Sommer geht Hanne bereits in die Schule. Lena muß noch ein Jahr im Kindergarten bleiben, weil sie jünger als Hanne ist. Aber was macht das schon? Nachmittags spielen sie immer zusammen.

„Ich bringe sie heute mal selbst zur Schule!" sagt Hannes Mutter und nickt Lenas Mutti freundlich zu. „Bei diesem Nebel möchte ich sie nicht allein gehen lassen!"

„Und ich habe mein Auto zu Hause stehen lassen!" sagt Lenas Mutti. „Das war mir heute morgen doch zu gefährlich!"

Im Nu haben sich Hanne und Lena von den Händen ihrer Mütter losgemacht und gehen bereits Arm in Arm ganz eng nebeneinander her. Das ist schön! Und so haben sie es früher immer getan, wenn sie zusammen zum Kindergarten gingen. Früher, als Hanne noch nicht zur Schule ging. Und heute ist es wie früher.

So hat dieser Nebel doch etwas Gutes. Und kalt ist es ihnen jetzt auch nicht mehr. Sie haben sich ja so viel zu erzählen. Da vergeht die Zeit wie im Flug. Schon sind sie ganz nah am Kindergarten. Hanne muß noch zwei Straßen weiter bis zu Schule.

Sie gehen nebeneinander her. Sie schwätzen und kichern und freuen sich darüber daß sie heute schon so früh am Morgen zusammen sind. Dabei ist es noch nicht einmal so richtig hell. Nur Nebel ist überall um sie her. So dichter Nebel, daß sie ihre

beiden Mütter kaum erkennen können, die vor ihnen her gehen und sich auch viel zu erzählen haben. So viel, daß sie immer weitergehen und nicht merken, wie weit sie schon gekommen sind.

Aber dann stehen sie plötzlich vor dem Tor des Kindergartens. Man muß hindurch über den kleinen Spielplatz gehen, wenn man zum Eingang kommen will. „Wir sehen uns ja gleich wieder!" sagt Lenas Mutti und nickt Hannes Mutter zu. Dann greift sie nach hinten, packt ihr Kind am Arm und will mit schnellen Schritten mit ihm durch das Tor zum Kindergarten gehen.

Hanne und Lena haben sich losgelassen. Völlig verdutzt sind sie, als Hanne von Lenas Mutti am Arm gepackt wird. Aber dann merken sie gleich, daß Lenas Mutti nicht merkt, daß sie das falsche Kind erwischt hat.

Sie blicken sich kurz an, lachen leise und halten verschwörerisch den Finger vor den Mund.

Ja kein Wort sagen, damit Lenas Mutti jetzt nichts merkt. Aber Hannes Mutter sieht Lenas Mutti erstaunt nach, als sie mit Hanne an der Hand geradewegs durch das Tor auf den Eingang zum Kindergarten zusteuert.

„Pst!" flüstert Lena und lacht ihr zu.

Da muß Hannes Mutter auch lachen. Sie reicht Lena die Hand und tut so, als wäre Lena Hanne. Dann tuen beide so, als gingen sie nun zusammen weiter zur Schule. Und dann müssen sich beide die Hand vor den Mund halten, weil sie so doll und so laut lachen müssen.

Sie kommen bis zur Elisenstraße. Hier bleiben sie stehen und warten.

„So was!" sagt Hannes Mutter immer wieder und schüttet sich aus vor Lachen.

„Sie hat es nicht bemerkt, daß sie das falsche Kind an der Hand hat!"

„Sie wird sich aber wundern" Lena muß so

lachen, daß sie sich fast verschluckt.
Dann hören sie Schritte hinter sich.
Schnelle, eilige Schritte. Kinderschritte und Erwachsenenschritte.
Und dann kommen sie angelaufen, Lenas Mutti und Hanne. Lenas Mutti kann nur immer wieder ihren Kopf schütteln. „Ihr seid mir zwei Leute!" sagt sie und blickt Hanne und Lena an. „Tauscht ihr euch einfach untereinander aus. Und ich habe nichts bemerkt!"
„Du hast getauscht!" sagt Lena lachend. „Wir nicht!"
„Gehe ich doch mit dem falschen Kind in den Kindergarten!" sagt Lenas Mutti und kann es immer noch nicht fassen. „So etwas passiert aber nur im dicken Nebel!"
Sie reicht Lena die Hand. „Aber jetzt ... ," sagt sie und muß noch lachen.
„Jetzt bringen wir alle zusammen Hanne zuerst in die Schule!" meint Lena.
„Also gut!" sagt Lenas Mutti.
Und dann bringen Lena und Lenas Mutti und Hannes Mutter zuerst Hanne zur Schule. So etwas Schönes hat Hanne noch nie erlebt. Sie winken sich zu, bis sie sich nicht mehr sehen können, bis sie der Nebel verschluckt hat. Und dann bringen Hannes Mutter und Lenas Mutti Lena zum Kindergarten. Und Lena wünscht sich, daß morgen früh wieder so dichter Nebel ist. Dann können sie alle wieder zusammen zum Kindergarten und zur Schule gehen. Morgen, übermorgen und überübermorgen!

Eine helle Papiersonne

Die Tage werden kürzer. Es ist dunkel, wenn wir aufstehen und zu Bett gehen. Nebel, Herbststürme, Regen und dicke Wolken lassen uns oft schmerzlich die Sonne vermissen.

Deshalb basteln wir eine helle Sonne aus Kreppapier und hängen sie zu Hause auf.

Bastelanleitung

Wir brauchen dazu rotes und blaues oder gelbes und rotes, möglicherweise auch gelbes und blaues Kreppapier. Die Farben richten sich ganz danach, wie Sonne und Himmel aussehen sollen. Außerdem brauchen wir ein quadratisches Stück Pappe oder Karton (Plakatkarton) und Kleister.
Statt des Kreppapiers können wir auch verschiedenfarbiges Seidenpapier verwenden.
Zuerst hilft der Erwachsene dabei, eine große Sonne mit vielen Sonnenstrahlen auf den Plakatkarton zu zeichnen.
Dann zerreißen wir das Papier und zerknüllen die kleinen Papierstücke zu Kugeln.
Nun wird die auf dem Plakatkarton vorgesehene Form stückweise mit Klebstoff bestrichen. Wir setzen die Papierkugeln ganz dicht aneinander in die Form und achten darauf, daß durch die Farbwahl und Farbfolge das vorgegebene Motiv, die Sonne, herausgearbeitet wird.

● *Lied vom Spiele ausdenken*

Wir spielen heute Zirkus

Text: Rolf Krenzer / Musik: Detlev Jöcker

1. Wir spie-len heu-te Zir-kus. Wenn ihr jetzt gleich be-ginnt und so wie Zir-kus-pfer-de lauft, dann weiß doch je-des Kind,

he-jo, hopp-sa-sa, dann weiß doch je-des Kind, wie

Zir-kus-pfer-de Zir-kus-pfer-de, Zir-kus-pfer-de sind.

2. Wir spielen Akrobaten.
Wenn ihr jetzt gleich beginnt
und so wie Akrobaten turnt
dann weiß doch jedes Kind,
hejo, hoppsasa,
dann weiß doch jedes Kind,
wie Akrobaten, Akrobaten,
Akrobaten sind.

3. Wir spielen Karawane.
Wenn ihr jetzt gleich beginnt
und eine lange Reihe macht
dann weiß doch jedes Kind,
hejo, hoppsasa,
dann weiß doch jedes Kind,
wie Karawanen, Karawanen,
Karawanen sind.

4. Wir spielen wilder Westen.
Wenn ihr jetzt gleich beginnt
und so wie Indianer schleicht,
dann weiß doch jedes Kind,
hejo, hoppsasa,
dann weiß doch jedes Kind,
wie Indianer, Indianer,
Indianer sind.

5. Wir spielen Ballerinen.
Wenn ihr jetzt gleich beginnt
und so wie Ballerinen tanzt,
dann weiß doch jedes Kind,
hejo, hoppsasa,
dann weiß doch jedes Kind,
wie Ballerinen, Ballerinen,
Ballerinen sind.

● *Spielvorschlag zum Lied*

• **Spielvorschlag**

Ein solches Zirkusspiel, in dem man alle Nummern und Höhepunkte im Zirkus selbst ausprobieren und darstellen kann, können wir zu Hause ebenso wie im Kindergarten mit der ganzen Gruppe spielen. Wir können es anläßlich eines Kindergeburtstages mit allen Geburtstagsgästen gestalten, und es kann der Höhepunkt des Sommerfestes im Kindergarten oder auch noch in der Grundschule werden.

Diese Strophen des Spielliedes sind sprachlich so einfach gestaltet, daß es nicht beim Zirkus bleibt. Im Zoo gibt es Pinguine, Zebras, Elefanten usw.

Und unser Spiellied hat noch viele weitere Angebote, die man selbst dichtend noch ergänzen kann.

> Jetzt sind wir Gartenzwerge.
> Wenn ihr jetzt gleich beginnt
> und so wie Gartenzwerge lauft ...
>
> Im Zoo gibts wilde Löwen.
> Wenn ihr jetzt gleich beginnt
> und so wie wilde Löwen brüllt ...
>
> Ins Märchenland der Riesen.
> Wenn ihr jetzt gleich beginnt
> und so wie große Riesen geht ...
>
> Nun denkt doch mal an Ostern.
> Wenn ihr jetzt gleich beginnt
> und so wie Osterhasen hüpft ...
>
> Jetzt sind wir Schmetterlinge.
> Wenn ihr jetzt gleich beginnt
> und so wie Schmetterlinge fliegt ...

Jetzt sind wir Dinosaurier.
Wenn ihr jetzt gleich beginnt
euch groß wie Dinosaurier macht ...

Jetzt sind wir Riesenschlangen.
Wenn ihr jetzt gleich beginnt
und so wie Riesenschlangen schleicht ...

Jetzt sind wir Nachtgespenster.
Wenn ihr jetzt gleich beginnt
und so wie Nachtgespenster heult ...

Nun gehn wir in die Disko.
Wenn ihr jetzt gleich beginnt
und so wie Diskotänzer tanzt ...

usw.

● *Rätsel*

Rätsel von Tieren,
die jeder kennt

Ich wohne im Stall,
bin stark und groß.
Ich laufe und springe,
da staunst du bloß!
Du kannst mich streicheln
von allen Seiten
und darfst, wenn du Lust hast,
auch auf mir reiten.

(Pferd)

Mein weiches Fell wird dir gefallen.
Ich habe lange und scharfe Krallen.
Oft schleich ich aus dem Haus heraus.
Paß auf, paß auf, du kleine Maus!

(Katze)

Aus weicher Wolle ist mein Fell.
Wenn du mich streichelst, merkst du das schnell.
Der Pulli, der nicht juckt und zwickt,
der wurde aus meiner Wolle gestrickt.

(Schaf)

Ich wohne bei dir, bin nicht gern alleine.
Und gehst du spazieren, muß ich an die Leine.
Wenn jemand kommt, den melde ich.
Und über Wurst, da freu ich mich.

(Hund)

Mein Fell ist grau.
Ihr kennt mich alle.
Drum stellt mir bitte
keine Falle!
Ich fresse gerne
Käse und Speck.
Doch willst du mich fangen,
lauf ich schnell weg.

(Maus)

Blitzschnell kopfüber
den Baum hinauf,
blitzschnell kopfunter
hinunter.
Wenn du seinen langen braunen
Schwanz
plötzlich am Baumstamm siehst,
dann bist du gleich sicher
und weißt ganz genau,
wer das ist.

(Eichhörnchen)

So strecke ich,
so strecke ich
weit meine Fühler aus.
Erschrecke ich,
verstecke ich
mich schnell in meinem Haus.

(Schnecke)

35

● Geschichte

Keine Saison für Teddybären

Im Sommer, als fast alle Leute Ferien machten, hat Papa leider nur ein paar Tage Urlaub gehabt. Es gab damals so viel Arbeit in seiner Firma, daß nicht alle in Urlaub fahren konnten. Dafür hat Papa jetzt mitten im Herbst, wenn sonst kein Mensch Ferien hat, vierzehn Tage frei. Das ist so schön, daß es Tim immer noch nicht richtig glauben kann.

Aber es ist wirklich war.

Am Montag steht Papa vor dem Kindergarten und holt ihn ab. Nicht Mama, sondern wirklich Papa. Und Papa ist so gut gelaunt, daß David und Mareike mit in das Auto steigen und auch noch von Papa nach Hause gefahren werden.

Am Dienstag stehen Mama und Papa vor dem Kindergarten, um Tim abzuholen.

Tim ist stolz, sehr stolz, weil kein Kind im Kindergarten von beiden Eltern auf einmal abgeholt wird. Und am Mittwoch da stehen nicht nur Mama und Papa am Kindergarten. Nein, sogar Verena ist mitgekommen. Verena ist Tims große Schwester. Sie ist bereits neun Jahre alt. Heute hat sie in der Schule früher Schluß. Da sind Papa und Mama zuerst zur Schule gefahren und dann noch zum Kindergarten.

„Und wann hast du gekocht, Mutti?" fragt Tim, als er neben Verena hinten in das Auto steigt.

„Überhaupt nicht!" sagt Mama und lacht.

„Ach, so! Papa hat ja Urlaub!" sagt Verena. „Was hast du denn gekocht, Papa?"

Tim und Verena wissen, daß Papa gern kocht. Und wenn er für das Mittagessen sorgt, schmeckt es immer ganz anders als bei Mutti. Nicht besser, aber eben anders. Da kann man Tim die Augen verbinden, und er weiß doch, wer heute gekocht hat. Mama oder Papa. Vielleicht liegt es daran,

daß Papa dann meistens etwas kocht, was es sonst nicht gibt.

Doch heute schüttelt Papa ganz wild den Kopf. „Ich bin doch nicht eure Kochfrau!" sagt er ganz energisch. „Schließlich habe ich Urlaub und will nicht den ganzen Morgen am Küchenherd stehen!"

„Und was essen wir jetzt?" fragt Tim richtig enttäuscht, denn mitten in seinem Bauch drin spürt er, daß er Hunger hat. Riesenhunger. So wie jeden Tag, wenn der Kindergarten zu Ende ist.

Doch Papa lacht nur, und Mama lacht mit. Und dann fährt Papa plötzlich ein Stück aus der Stadt hinaus, so daß sich die beiden Kinder noch mehr wundern.

„Mal sehen, ob die noch was für uns haben!" sagt Papa dann plötzlich und hält vor einem alten Haus mitten im Wald an.

„Waldgasthaus!" Verena liest laut, was über der Eingangstür steht.

Da hat Tim gleich geschaltet. „Ich möchte Pommes frites!" schreit er vergnügt und kann es gar nicht abwarten, bis Mama ausgestiegen ist und er von hinten herausklettern kann. Er hat es so eilig, daß er fast den Pu vergessen hätte, wenn ihn Verena ihm nicht noch nachgereicht hätte. Ausgerechnet Pu, der große gelbe Teddybär, der nachts bei Tim schläft und jeden Tag mit in den Kindergarten muß.

„Pu will auch Pommes frites!" ruft Tim hinter Papa her und nimmt seinen Teddybären dankbar und zärtlich in den Arm.

Während des Mittagessens hat Papa noch eine Überraschung für die Kinder.

„Wir fahren gleich nach dem Essen zu dem großen Freizeitpark!" sagt er und kann kaum noch weitersprechen, weil ihn Tim und Verena von zwei Seiten mit beiden Armen umschlingen. „Da ist bestimmt jetzt

• *Geschichte*

nicht so viel Betrieb wie im Sommer, wenn alle Ferien haben!"
Blitzschnell haben die Kinder alles aufgegessen, was auf dem Kinderteller war. Tim möchte am liebsten ganz auf den Nachtisch verzichten, weil er so schnell wie möglich losfahren möchte. Doch Mama weist ihn darauf hin, daß sie und Papa noch Zeit brauchen. Schließlich sind ihre Portionen auch viel größer. Da darf Papa ruhig noch Pfannkuchen mit Eis für die Kinder bestellen.
„Schließlich haben wir noch viel vor!" sagt er. „Da muß man richtig satt sein, sonst bekommt man im Freizeitpark auf einmal Hunger!"
„Und da ist alles so teuer!" fügt Mama hinzu.
Aber dann dauert es wirklich nicht mehr lange, bis sie endlich losfahren. Bald sind sie auch am Ziel angelangt und haben einen ganzen langen Nachmittag Zeit für den Freizeitpark.
Aber was ist schon ein Nachmittag?
Als Tim auf der Wildwasserbahn war und mit der kleinen Eisenbahn gefahren ist, als er zusammen mit Papa auf der Schiffschaukel geschaukelt hat und mit Mama gleich zwei Runden auf dem Riesenrad gedreht hat, als Tim auf dem kleinen Pony richtig geritten hat und mit Verena durch den ganzen Park mit der Kutsche gefahren ist, da ist der lange Nachmittag schon fast herum.
Dabei gibt es noch so vieles, was Tim alles noch tun könnte.
Weil an diesem schönen Herbsttag doch viele Leute in den Freizeitpark gekommen sind, hat Tim oft anstehen müssen, bis er endlich dort mitfahren konnte, wo er gern wollte. Jetzt erst hat Papa auch die vier freien Plätze unter dem Sonnenschirm entdeckt. „Wir können wirklich noch einmal draußen Eis essen!" sagt er zufrieden und bestellt gleich vier große Portionen.
„Wir schließen gleich!" sagt der Ober nicht allzu freundlich.
„Und wir beeilen uns sehr!" meint Papa.
„Warum schließen Sie denn schon so früh?"
„Die Saison ist vorbei!" antwortet der Ober und geht doch wirklich noch los, um die vier Portionen Eis zu holen.
„Pu möchte gern wissen, was Saison ist!" sagt Tim. Doch als Papa es ihm erklären will, schießen bereits die Tränen aus seinen Augen.
Mutti stürzt auf ihn zu. „Eine Wespe?" fragt sie ganz aufgeregt.
Tim schüttelt nur den Kopf und kann vor Tränen nichts mehr sehen.
„Hast du dich geklemmt?" fragt Papa und nimmt prüfend Tims Hände in seine.
„Mein Pu ist weg!" sagt Tim so leise, daß er kaum zu verstehen ist. Dann wirft es sich in Mamas Arme und weint jämmerlich.
„Das ist doch kein Beinbruch!" sagt Papa. „Wir werden ihn schon wiederfinden!"
„Wo?" fragt Verena skeptisch und schaut für alle Fälle erst einmal unter dem Tisch

37

● *Geschichte*

nach. Aber dort ist der Pu natürlich nicht.
„Jetzt essen wir zuerst unser Eis, und dann suchen wir den Pu!" schlägt Papa vor.
Tim will gar kein Eis mehr. Und Verena auch nicht, weil sie solches Mitleid mit Tim hat. „Den Pu finden wir ganz bestimmt nicht mehr!" flüstert sie und malt sich bereits das Schlimmste aus.
„Ihr könnt mich doch nicht mit vier Portionen Eis hier sitzen lassen!" sagt Papa empört. „Ihr habt ja selbst gesehen, wie schwer es war, sie noch zu bestellen!"
Aber dann springt er doch auf und rennt dem Ober hinterher. Ja, er erwischt ihn noch, bevor er die Bestellung weitergeben kann. „Entschuldigung, hat sich erledigt!" sagt er außer Atem und drückt dem verdutzten Mann einen Zehnmarkschein in die Hand. „Wir haben unseren Pu verloren!"
„Wen?" fragt der Ober und sieht Papa nach, der hinter den anderen herstürmt.
„Was ist ein Pu?" fragt er und gibt sich dann selbst die Antwort: „Den wird er bestimmt nicht wiederfinden. Bei den vielen Leuten, die heute hier waren!" Er gibt sich aber doch noch einen Ruck und ruft Papa so laut er kann nach:
„Wenn Sie ihn nicht finden, fragen Sie beim Ausgang nach. Dort ist auch das Fundbüro! Und in dreißig Minuten wird der Park geschlossen!"
Zuerst suchen sie getrennt nach Pu. Papa sucht mit Verena, und Mama sucht mit Tim. Sie fragen überall nach Pu, wo sie heute gewesen sind. An der Wildwasserbahn, bei der kleinen Eisenbahn, an der Schiffschaukel und beim Riesenrad, beim Ponyreiten und beim Kutscher, mit dem Tim und Verena zuletzt gefahren sind. Nichts zu finden! Einfach keine Spur von Pu!
Und weil Tim es nicht glauben will, daß

sein Pu fort ist, gehen sie alle zusammen noch einmal überall hin. Doch dann kommt es durch den Lautsprecher, daß in zehn Minuten der Freizeitpark geschlossen wird und alle zum Ausgang müssen. Da kann keiner etwas tun. Weder Mama noch Papa, wenn Tim sie auch noch so verzweifelt anblickt.
„Am Ausgang ist noch das Fundbüro!" sagt Papa tapfer und glaubt selbst nicht daran, daß sie dort noch Tims Pu finden werden. Tim klammert sich an den letzten Strohhalm. „Bestimmt wartet er da auf mich!" sagt er und stapft mit eiligen Schritten auf den Ausgang zu.
„Hier ist doch der Eingang!" meint Verena, als sie ankommen.
„Der Eingang ist auch der Ausgang!" sagt Papa und schaut sich bereits nach dem Fundbüro um.
Verena steht noch immer unter dem Schild, das sie eben gelesen hat. „Praktisch!" sagt sie zu sich selbst. „Sehr praktisch!"
Aber dann ist Papa schon wieder bei ihnen und sagt, daß im Fundbüro außer einem Regenschirm heute überhaupt nichts abgegeben wurde.
„Er will keinen Regenschirm, sondern seinen Pu!" sagt Verena und erntet einen bösen Blick von Papa und einen leichten Stoß in den Rücken von Mama.
Nein, der Tag ist jetzt überhaupt nicht mehr schön. Und Tim weint und plärrt, und Mama und Papa müssen ihn aus dem Freizeitpark fast herausziehen.
Papa trägt ihn schließlich zum Auto.
Und als Mama die Autotür öffnet, um hinten Platz für Verena und Tim zu machen, da sitzt Pu, Tims Teddybär, ganz allein hinten auf Tims Platz und wartet auf Tim.
„Das darf doch nicht wahr sein!" schreit Mama. Da ist Tim schon aus Papas Arm gesprungen, ins Auto geklettert und auf Pu

38

losgestürzt.
„Da bist du ja!" ruft er immer wieder und drückt den Stoffbären so fest an sich, wie er nur kann. Dann wendet er sich an Papa, der schweigend vorn den Wagen startet. „Ich wollte ihn doch nicht irgendwo im Freizeitpark vergessen!" sagt er leise. „Da habe ich ihn lieber im Auto gelassen!"
„Und warum haben wir nun überall im Freizeitpark nach ihm gesucht und uns wegen ihm halb verrückt gemacht?" sagt Mama und schnaubt.
Da streicht Tim ihr zärtlich über den Rükken. „Ich hatte es doch vergessen, daß ich ihn hier gelassen habe!"
„Gelt, Pu, so war es!" wendet er sich an seinen Bären und streichelt ihn auch.
Da kann Mama nichts mehr sagen. Und Verena auch nicht.
Nur Tim muß noch etwas fragen, als sie ein Stück gefahren und fast zu Hause sind: „Papa, jetzt mußt du Pu aber noch sagen, was eine Saison ist!"
„Keine Saison für Teddybären!" sagt Papa. Sonst nichts.

Einfache Masken aus Tüten

Wir brauchen große Papiertüten, die über unsern Kopf gehen (aus dem Supermarkt oder Lebensmittelgeschäft - keine Plastiktüten), Bleistift, Buntpapier oder Filz- und andere Farbstifte. Sonstiges Material, was wir noch zum Ausschmücken verwenden können. Dazu eine Schere und gegebenenfalls Klebstoff.
Zunächst zeichnen wir mit Bleistift ein Gesicht auf die Papiertüte mit großen Augen,

Bastelanleitung

mit Nase und Mund. Augen, Nase und Mund werden ausgeschnitten.
Nun können wir die Maske farbig ausgestalten. Mit Buntpapier können Haare und Augenwimpern herausgehoben werden. Schnurrbarthaare, für den Hasen, eine lange Wollmähne für den Löwen, Katzenohren für die Katze, Eselohren für den Esel und riesige gelbe Augen um die ausgeschnittenen Augen herum für die Eule.
Wenn wir erst mit dem Basteln beginnen, fällt uns so viel dazu ein, daß bereits nach kurzer Zeit die originellsten Tiermasken entstehen können.
Aber auch Masken für Zwerge und Könige, Prinzessinnen und wilde Geister lassen sich aus Papiertüten leicht herstellen.

● Geschichte ● Bastelvorschlag

● *Dinosaurierlied*

Der Dinosaurier Dino

Text: Rolf Krenzer / Musik: Detlev Jöcker

1.Dem Di- no- sau- rier Di- no macht Was- ser so- viel
Spaß. Drum läuft er durch die Pfüt- zen und wird dann pit-sche-
naß. Der Di- no- sau- rier Di- no, der fin- det Fres- sen
schick. Drum frißt er vie- le Pflan- zen und wird dann rund und
dick. Ja, ja, ja, Di- no, Di- no, dich lie- ben al- le Leu- te,
Di- no, Di- no, ach, gäb es dich noch heu- te! Di- no, Di- no,
wir wür- den bes- te Freun- de sein! Ja, ja, ja, Di- no, Di- no,
das wä- re ei-neFreu-de! Di-no,Di- no, ich träum' von dir,und heu-te
Di- no, Di- no, bist du nicht mehr al- lein.

40

● Spielvorschläge zum Lied

2. Der Dinosaurier Dino,
hat nicht einmal ein Haus.
Drum schläft er auf der Wiese
und ruht im Gras sich aus.
Der Dinosaurier Dino
ist manchmal sehr allein.
Hätt' er nur ein paar Freunde,
er würde sich sehr freu'n.
Refrain: Dino, Dino …

3. Der Dinosaurier Dino
will gern spazieren gehn,
doch wär' er nicht alleine,
wär' das noch mal so schön.
Der Dinosaurier Dino,
wünscht Freunde sich so sehr.
Vielleicht kommt heute Nacht schon
mal einer so daher.
Refrain: Dino, Dino …

● Spielvorschlag 1

Jeder von uns darf ein Dinosaurer sein und all das tun, wovon in den einzelnen Strophen des Liedes erzählt wird.
Zuerst planschen wir durch die Pfützen, dann fressen wir uns satt und ruhen uns anschließend aus. Danach gehen wir los und suchen uns Freunde, mit denen wir alle zusammen im Kreis herumtanzen.
Zwischen den einzelnen Strophen geben wir uns alle die Hände und gehen zu dem Refrain im Kreis herum.

● Spielvorschlag 2

Das Lied läßt sich auch in einem einfachen Schattenspiel gestalten.
Wir brauchen eine Leinwand (Bettlaken o.ä.), das wir so aufhängen, das sie von hinten mit einer Lampe angestrahlt werden kann und wir auch noch genug Platz haben, um die Schattenfiguren dahinter agieren zu lassen.
Die Schattenfiguren werden besonders schön, wenn wir sie aus Plakatkarton in ihren Umrissen recht breit ausschneiden und farbiges Transparentpapier dahinter kleben. So erscheint auf der Leinwand dann z.B. der grüne Farn usw. Und die Dinosaurier können auch alle eine andere Farbe haben: einer grün, der andere braun, dann rot, blau, gelb usw.

● *Rätsel* ● *Spiel*

Rätsel von großen Tieren, die es heute noch gibt

Meine Haut ist grau,
bin stark und schwer,
schwenke den Rüssel
hin und her.
Im Zirkus, im Zoo
staunt jedermann,
weil ich so viele
Kunststücke kann.

(Elefant)

Sein Fell ist gelb.
Ich sage es ehrlich:
Er ist ein Raubtier
und sehr gefährlich.
Er trägt am Kopf
eine große Mähne.
Er brüllt sehr laut
und zeigt die Zähne.

(Löwe)

Wie einen riesengroßen Baumstamm
kannst du mich oft liegen sehn.
Traue nicht dem grünen Baumstamm,
sonst wird es dir schlimm ergehn.
Wenn ich nur mein Maul aufreiße,
kann ich sehr gefährlich sein,
denn ich jage und ich beiße.
Laß dich ja nicht mit mir ein!

(Krokodil)

Bei den großen Dinosauriern

Bei den großen Dinosauriern
ist es überall so Brauch:
Sie kommen heran,
sie schleichen sich an,
entdecken dich dann
und tippen dir dann
tip, tap,
ganz zart auf deinen Bauch.

Bei den kleinen Dinosauriern
ist es umgekehrt so Brauch:
Sie kommen heran,
und schleichen sich an,
entdecken dich dann
und tippen dir dann
tip, tap,
ganz fest auf deinen Bauch.

● Spielvorschlag

Zuerst bin ich ein großer Dinosaurier und nähere mich dem Kind vor mir mit gewaltigen Gebärden. Doch dann werden Gesten und Gebärden immer kleiner und behutsamer. Zum Schluß tippe ich ganz leicht dem Kind auf den Bauch. Wenn aber dann die kleinen Dinosaurier kommen, machen wir uns zunächst ganz klein und werden von Zeile zu Zeile größer, bis wir dem Kind mit dem Finger auf den Bauch tippen.

Ein Schnupper im Garten

Nein, in dem Garten hinter dem Haus will Marcel nicht mehr allein spielen. Höchstens noch, wenn Mama oder Papa auch im Garten sind. Aber nicht mehr allein. Nie und nimmer!

„Es ist so schön im Garten!" sagt Mama. „Und Papa hat extra für dich frischen Sand für den Sandkasten geholt!"

Marcel schüttelt nur den Kopf.

„Warum denn nicht, Marcel?" fragt Mama.

„Da ist der Schnupper!" sagt Marcel, und Mama spürt, daß Marcel vor irgendetwas Angst hat.

„Wer ist der Schnupper?" fragt Mama.

„Er wohnt im Häusel!" antwortet Marcel so leise, daß Mama ihn kaum versteht.

„Unsinn!" sagt Mama.

Das Häusel ist ein kleines Holzhaus, das Papa im Frühling im Garten aufgestellt hat. Dort, wo die Himbeer- und Brombeersträucher stehen. Im Häusel hat Papa all seine Gartengeräte untergebracht, weil im Keller so wenig Platz ist. Den Spaten und den Rechen, den Rasenmäher und auch die Gartenstühle, wenn man sie im Winter nicht braucht.

„Im Häusel ist kein Schnupper!" sagt Mama bestimmt.

„Doch!" Marcel nickt immer wieder.

„Wer hat das gesagt?"

„Annette!"

Annette ist Marcels große Schwester.

Na, warte, Annette, wenn du nach Hause kommst! denkt Mama. Was mußt du dem Kleinen so dumme Geschichten erzählen und solche Angst einjagen.

„Annette spinnt!" sagt sie. „Es gibt überhaupt keinen Schnupper!"

Sie nimmt Marcel einfach an die Hand und geht mit ihm in den Garten. Vor dem Häusel bleibt sie stehen.

„Hörst du etwas?" fragt sie Marcel.

Marcel schüttelt den Kopf.

Da öffnet Mama die Tür und geht hinein.

„Hier ist nichts!" ruft sie von innen.

„Komm her und sieh selbst nach!"

Doch Marcel geht nicht in das Häusel. Um alles in der Welt nicht.

„Bleibst du jetzt allein im Garten?" fragt Mama, als sie wieder ins Haus gehen will.

„Nein!" sagt Marcel und stapft hinter Mama her.

„Es gibt keinen Schnupper!" sagt Mama noch einmal.

„Doch!" antwortet Marcel. „Wenn du nicht da bist, kommt der Schnupper heraus!"

Beim Mittagessen sagt Mama zu Annette: „Jetzt sieh zu, wie du ihm die Angst vertreibst"

„Es gibt keinen Schnupper!" sagt Annette zu Marcel. „Ich habe nur Spaß gemacht!"

„Er ist im Häusel!" sagt Marcel. „Wenn ich allein im Garten bin, höre ich ihn!"

„Und wenn Mama oder ich im Garten sind?" fragt Papa.

„Dann hat er Angst und kommt nicht heraus!" sagt Marcel.

„Ach so!" meint Papa nachdenklich. „Vor wem hat er denn noch Angst?" fragt er dann.

„Vor Löwen!" sagt Marcel. „Und vor Tigern und vor Eisbären!"

„Vor Dinosauriern auch?" fragt Papa.

„Klar!" lacht Marcel. Dinos sind doch viel größer und stärker als Schnupper!"

Am Nachmittag bringt Papa für Marcel einen Dino mit. Einen riesengroßen Dinosaurier aus Stoff. Viel größer als der, den Marcel hat und der nachts bei ihm im Bett schläft. Marcel freut sich so über den neuen riesengroßen Dino, daß er ihn nicht mehr hergeben möchte. Doch Papa schüttelt den Kopf. „Den habe ich extra für das Häusel gekauft!" sagt er. „Wir setzen ihn in das

● Geschichte

Häusel, dann traut sich der Schnupper nicht hinein!"

„Das ist eine gute Idee!" sagt Mama. Und dann gehen sie alle in den Garten zu dem Häusel, Mama, Papa, Annette und Marcel. Papa öffnet die Tür und stellt den Dino hinter die Tür im Häusel, damit der Schnupper gleich Bescheid weiß und nicht wiederkommt.

„Kann der Dino nicht heute nacht bei mir schlafen?" fragt Marcel. Doch Papa schüttelt den Kopf. „Er muß immer im Häusel stehen und Wache halten, Tag und Nacht!"

Am nächsten Morgen spielt Marcel wirklich wieder im Garten. Wenn der Dino im Häusel aufpaßt, kann kein Schnupper kommen und ihm Angst machen.

Aber schöner wäre es noch, wenn Marcel die Tür des Häusels ein wenig öffnen könnte. Dann wäre es dem Dino im Häusel nicht so langweilig, und Marcel könnte den Dino immer sehen, wenn er hier im Garten spielt.

Zunächst zögert Marcel noch ein bißchen. Doch dann öffnet er wirklich die Tür des Häusel. „Hallo Dino!" winkt er dem Dino hinter der Tür zu.

Nach dem Mittagessen spielt Marcel am liebsten ganz in der Nähe des Häusels, damit er immer den Dino sehen kann.

„Ob ich ihn mal rausholen kann, wenn du hier bist?" fragt er Mama, als sie in den Garten kommt.

„Warum nicht?" sagt Mama. „Aber nachher! Du weißt ja!"

Marcel nickt.

Beim Abendessen fragt Marcel Papa, ob der Dino heute nacht nicht lieber bei ihm im Bett schlafen darf.

„Hat der Dino auch Angst vor dem Schnupper?" fragt Papa.

Marcel schüttelt den Kopf und lacht. „Der Schnupper ist doch fort!" sagt er.

„Wirklich?" fragt Papa!

„Gelt, Mama, er ist fort!" Marcel blickt Mama an.

„Wenn du es meinst!" sagt Mama.

„Ehrlich, Marcel, es gibt gar keinen Schnupper!" fügt Annette hinzu.

„Warten wir ab bis morgen!" meint Papa schließlich. „Du kannst den Dino ja morgen aus dem Häusel herausholen, wenn du wieder im Garten spielst. Du trägst ihn in dein Zimmer. Und wenn der Schnupper wirklich wiederkommt, holst du ihn schnell heraus!"

Ja, genauso will Marcel es machen.

„Der Dino ist schon in meinem Zimmer!" strahlt er Papa an, als Papa zum Mittagessen nach Hause kommt.

„Du warst ganz allein im Garten?" fragt Papa. Marcel nickt.

„Und der Schnupper?"

„Der Schnupper ist nicht gekommen! Er war nicht da!" sagt Marcel. Er schaut zu Annette hinüber. „Vielleicht gibt es überhaupt keinen Schnupper!"

„Es war alles nur Spaß!" sagt Annette und nickt ihm zu.

„Dann brauchen wir den Dino auch nicht mehr im Häusel!" sagt Papa.

Da springt Marcel auf seinen Schoß und drückt ihn so fest er kann.

„Weißt du, wie der Dino heißt?" fragt er dann.

„Dino!" meint Papa. „Oder Dinosaurier!"

„Falsch!" lacht Marcel. „Er heißt Plateosaurus!" Er hat alle Mühe, den Namen richtig auszusprechen, aber er schafft es.

„Bißchen lang, sein Name!" meint Papa. „Und wer hat dir gesagt, daß er so heißt? Der Dino selber?"

„Nein, Annette!" sagt Marcel stolz.

„Wenn sein Name für euch zu schwer ist", sagt Annette zu Mama und Papa, „dann könnt ihr ihn auch 'Schwäbischer Lindwurm' nennen!" ❖❖❖

44

● *Bastelvorschlag*

Ein Luftballon-Dino

Wir können zusammen einen richtigen Dinosaurier basteln. Er wird so leicht sein, daß wir ihn später an die Decke im Kinderzimmer hängen können. Natürlich müssen wir ihm vorher noch einen Namen geben.

Wir brauchen: längliche Luftballons, zähflüssigen Bastelkleister, Pinsel und Schere, Plakatkarton, Seidenpapier und Zeitungspapier (zum Unterlegen), farbigen Plakatkarton, Bindfaden und Klebeband.

Weil man sich leicht beim Basteln schmutzig machen kann, sollten wir einen Malkittel anziehen und vielleicht auch ein paar Handschuhe bereitlegen.

Da bestimmt dieser oder jener Luftballon platzen wird, sollten wir gleich mehrere zur Hand haben.

Zuerst blasen wir einen länglichen Luftballon auf und hängen ihn mit einem dünnen Bindfaden an einer Wäscheleine auf. So hoch, daß man später an dem aufgehängten Ballon bequem arbeiten kann.

Nun reißen oder schneiden wir kleine Stücke aus dem Seidenpapier aus.

(Weil manches Seidenpapier stark färbt, ist es besser, dabei den Malkittel, vielleicht sogar die Handschuhe anzuziehen.)

Nun kleistern wir mit einem dicken Pinsel den Luftballon ein und kleben dann die Stückchen aus Seidenpapier immer rundherum auf dem Ballon fest.

Damit kein Kleister auf den Boden tropft, legen wir mehrere Bögen Zeitungspapier darunter.

Wenn wir einmal den Ballon rundherum beklebt haben, kleben wir zum zweitenmal

Bastelanleitung

und danach auch noch zum drittenmal. Bei der dritten und letzten Schicht, sollten wir uns darum bemühen, besonders sauber und sorgfältig zu arbeiten.

Der Luftballon-Saurier ist nun vom Kleistern ganz naß und braucht mindestens drei Tage zum Trocknen. Manchmal entweicht dabei etwas Luft aus dem Ballon. Das ist sogar recht gut, denn so erhält unser Saurier eine etwas schrumpelige Haut.

Wenn alles richtig trocken ist, schneiden wir noch einen langen Dinosaurierschwanz aus und kleben ihn auf der oberen Seite des Dinosauriers so fest, daß er vom Rücken bis zum Ende reicht und dann noch darüber hinausragt.

Jetzt können wir auch dem Dino ein Maul mit Zähnen und dann noch die Augen mit Buntpapier aufkleben.

Nun brauchen wir noch ein Loch für den Bindfaden. Wir wollen den Dinosaurier ja waagerecht aufhängen. Wenn wir das erste kleine Loch in die Papierhülle schneiden, dann löst sich der Ballon mit lautem Knistern von der Innenschicht.

Wenn es nicht mehr knistert, schütteln wir die Ballonreste aus dem Inneren heraus. Mit einem Stäbchen befestigen wir nun den Bindfaden an dem einen Loch.

45

● Geräuschelied

Ja, der Professor Superschlau
Text: Rolf Krenzer / Musik: Detlev Jöcker

2. Fühlt sich der Professor Superschlau
   durch ein Geräusch gestört,
   dann denkt er nach und weiß genau,
   wohin der Ton gehört.
   Was kann das denn nur sein?
     (Einer beginnt mit Moped-Geräuschen)
   Ist das ein Auto? Nein!
     (Alle stellen Mopeds dar.)
   Da fällt es mir schon ein!

Refrain:
Ja, der Professor Superschlau,
der weiß alles ganz genau:
Das Mi-, das Ma-, das Moped,
das macht soviel Radau!

• *Spielvorschlag zum Lied* • *Spiele*

3. Fühlt sich Professor Superschlau …
Was kann das denn nur sein?
 (Einer läutet wie ein Telefon.)
Die Haustürklingel? Nein!
 (Alle telefonieren.)
Da fällt es mir schon ein!

Refrain:
Ja, der Professor Superschlau,
der weiß alles ganz genau:
Das Ti-, das Ta-, das Telefon,
das macht soviel Radau!

4. Fühlt sich Professor Superschlau …
Was kann das denn nur sein?
 (Einer produziert ein Hupen-
 Geräusch.)
Ist das die Flöte? Nein!
 (Alle produzieren Hupen-
 Geräusche.)
Da fällt es mir schon ein!

Refrain:
Ja, der Professor Superschlau,
der weiß alles ganz genau:
Die Hi-, die Ha-, die Hupe,
die macht soviel Radau!

● **Spielvorschlag**

Wir begleiten das Lied mit den bereits im Liedtext angegebenen Geräuschen und können dann noch viele weitere Geräusche dazu erfinden.
Der Text des Liedes ist so einfach, daß wir selbst die weiteren Strophen entsprechend umdichten können.

Kaffeekessel: Ist das Wecker? Nein …

Trommel: Ist das die Geige? Nein …

Haustürklingel: Ein Hubschrauber? Oh, nein … usw.

Hören und Raten

Wecker verstecken
Ein Wecker wird so versteckt, daß das Ticken nur dann zu hören ist, wenn man ganz konzentriert lauscht. Das Kind muß herausfinden, aus welcher Richtung das Ticken kommt.
Bei einem Kurzzeitwecker kann man das Läutewerk auf eine oder zwei Minuten stellen. Das Kind soll versuchen, den Wecker zu finden, bevor er läutet.

Akustisches Versteckspiel
Ein Gegenstand wird versteckt. Während das Kind sucht, begleitet es die Mutter oder die Erzieherin auf einem Instrument. Tönt das Instrument leise, ist das Kind noch weit von dem Versteck entfernt. Je lauter aber das Instrument wird, umso näher ist es an das Versteck herangekommen.
Auch unsere Stimme kann als Instrument eingesetzt werden.

● *Spiele* **●** *Geschichte*

Was passiert hinter meinem Rücken?

Das Kind steht mit dem Gesicht zur Wand und muß raten, welche Geräusche wir hinter seinem Rücken hervorbringen. Wir husten und schmatzen, schnippen mit den Fingern, öffnen das Fenster oder lassen eine Hupe ertönen. Wer ein oder zwei Geräusche richtig errät, wird von einem anderen Kind abgelöst.

Raten mit dem Kassettenrecorder

Mit den kleinen modernen Cassettenrecordern lassen sich leicht einige Geräusche aufnehmen, die dann von dem Kind erraten werden sollen.

- Instrumente des Orff-Instrumentariums,
- Haushaltsgeräte (Töpfe, Deckel, Schlagen auf die Waschmitteltonne usw.)
- auf der Schreibmaschine schreiben,
- eine Nummer auf dem Telefon wählen,
- das Telefon läutet,
- es schellt an der Haustür,
- der Staubsauger wird ein- und ausgeschaltet,
- jemand hustet,
- jemand niest,
- ein Hund bellt,
- die Nase wird geputzt,
- jemand schnarcht,
- eine Melodie auf der Spieluhr,
- auf der Nähmaschine wird genäht.

Besonders interessant wird es, wenn Stimmen von Kindern und Erwachsenen, die das Kind kennt, aufgenommen werden und dann zu raten sind.

Mitdenken

„Mitdenken!" sagt Mama zu Madita, wenn sie zusammen vom Spielplatz kommen und dann zu Hause feststellen, daß Maditas Socken noch neben dem Sandkasten liegen müssen. Madita hat sie ausgezogen, weil es nicht schön ist, wenn der feine Sand in ihre Socken gerät. Das juckt und reibt.

Also gehen Mama und Madita noch einmal zum Spielplatz zurück, und Mama hebt die Socken neben dem Sandkasten auf und zieht sie Madita an. Dann erst die Sandalen.

„Mitdenken!" sagt Mama zu Madita, wenn Madita vergessen hat, daß sie morgens vor dem Frühstück immer diesen Saft aus der Flasche einnehmen soll. Sie zeigt Madita die Flasche und liest ihr vor, was darauf steht: „Einen Teelöffel vor dem Frühstück!" Madita nickt. „Morgen!" sagt sie, und Mama seufzt leise.

„Mitdenken!" sagt Mama zu Madita, als Madita mit ihren schmutzigen Schuhen in die Wohnung stürmt und jeder genau sehen kann, daß Madita schon im Bad, in der Küche, im Kinderzimmer und im Wohnzimmer damit gewesen ist.

Madita nickt und hilft Mama beim Aufputzen.

Als heute Tante Edith mit Benjamin zu Besuch kommen, freut sich Mama sehr, denn Tante Edith ist Mamas beste Freundin. Madita freut sich auch, denn Benjamin ist noch ein winzigkleines Baby, das noch nicht sprechen kann, dafür aber überall in der Wohnung auf dem Bauch und den Knien herumrutscht und alles anfassen und in die Hand nehmen will. Gehen kann der kleine Benjamin noch nicht, doch wenn er sich richtig festhält, dann kann er bereits richtig stehen ohne umzufallen.

Und Madita darf auf Benjamin aufpassen.

Geschichte

Sie mag den kleinen Jungen sehr und schleppt ihm alles Spielzeug herbei, was sie hat. Und Benjamin hat seinen Spaß an dem großen gelben Postauto und schiebt es wirklich vor sich her. Als aber Madita ihm ein besonders schönes Bilderbuch bringt, reißt er so schnell die Seiten kaputt, daß es Madita nicht gelingt, es noch vor seinen kleinen Grapschhänden zu retten. Dabei sollte er es sich nur ansehen, und Madita wollte ihm etwas zu den Bildern erzählen. Ärgerlich und ein bißchen traurig trägt Madita das Bilderbuch zurück in ihr Zimmer.

Natürlich hat Mama auch bemerkt, was passiert ist. Wenn sie jetzt allein mit Madita wäre, wüßte Madita genau, was Mama jetzt sagen würde. Aber weil Tante Edith nichts davon bemerkt hat, sagt Mama auch weiter nichts. Der Blick, den sie Madita zuwirft, sagt es aber ganz deutlich: Jetzt paß nur auf, daß er nicht noch mehr kaputtmacht!

Nach einer Weile merkt Madita, daß das Aufpassen auf den kleinen Benjamin doch nach und nach recht anstrengend wird. So ist sie froh, als Mutti endlich den Kaffeetisch gedeckt hat und Tante Edith ihren Kleinen selbst auf den Schoß nimmt und ihn mit dem feinen Käsekuchen füttert.

Dann darf Madita dabei sein, als Tante Edith den kleinen Benjamin auszieht und neu windelt. Und wenn Tante Edith ihm nun noch sein Jäckchen und sein Mützchen anzieht, dann darf Madita natürlich ihr dabei helfen.

Dann wird der kleine Mann in den Sportwagen gepackt, und Tante Edith und Mutti tragen ihn die Treppe hinunter.

Es wird ein langer und schöner Spaziergang mit Mutti, Tante Edith und dem kleinen Benjamin. Das Schönste aber ist, daß Madita den Kleinen im Sportwagen selbst schieben darf. Ja, Madita ist sehr vorsichtig. Nur dann, wenn es über einen Bordstein geht, dann muß Tante Edith ein bißchen helfen. Und den steilen Berg neben dem alten Stadtturm hoch, da müssen sie alle drei ganz kräftig schieben.

Als sie endlich genug vom Spazierengehen haben, ist es auch Zeit für Tante Edith. So bringen Mama und Madita Tante Edith und den kleinen Benjamin noch zum Bus und helfen auch, den Sportwagen in den Bus hineinzuheben.

Bevor der Bus abfährt, greift Tante Edith plötzlich noch einmal ganz schnell in ihre Tasche. Sie holt ein bunt eingepacktes Päckchen heraus und reicht es Madita. „Das hätte ich ja fast vergessen!" sagt sie und lacht. „Ich hoffe, du freust dich darüber!"

„Danke!" schreit Madita so laut sie kann, weil jetzt der Bus losfährt.

Und dann hat sie auch schon entdeckt, was in dem Päckchen ist. „Wieder eine Barbie!" jubelt sie, und Mama schüttelt nur den Kopf. „Diese Tante Edith!" sagt sie.

Als sie dann aber vor ihrer Wohnungstür stehen, da schüttelt Mama noch mehr den Kopf. Sie sucht in ihren Manteltaschen und Hosentaschen herum, schüttelt den Kopf und sucht noch einmal. Dann macht sie ihre Handtasche auf. Auch nichts!

„Suchst du etwas?" fragt Madita unschuldig.

„Jetzt müssen wir warten, bis Papa nach Hause kommt!" sagt Mama ärgerlich.

„Ich habe den Wohnungsschlüssel im Flur liegengelassen!"

Da lächelt Madita.

„Mitdenken!" sagt sie leise und zieht den Schlüssel aus der Tasche ihres Anoraks. „Ich habe gemerkt, daß du ihn vergessen hast!"

„Toll!" sagt Mutti und schließt die Wohnungstür auf.

• Martinslied

Sankt Martin

Text: Rolf Krenzer / Musik: Detlev Jöcker

1. Hoch über uns die Sterne, die strahlen durch die Nacht. Wir haben die Laterne so gerne mitgebracht, so gerne, so gerne, so gerne mitgebracht.

2. Wir ziehn mit der Laterne
Sankt Martin hintendrein.
Und jeder möchte gerne
so wie Sankt Martin sein,
so gerne, so gerne
so wie Sankt Martin sein.

3. Einst traf er einen Armen,
der lag im tiefen Schnee
und rief: Habt doch Erbarmen!
Ich friere! Das tut weh!
Ich friere! Ich friere!
Ich friere! Das tut weh!

4. Ich habe keine Kleider,
so jammerte der Mann.
Ach, reite doch nicht weiter!
Da hielt Sankt Martin an.
Nicht weiter, nicht weiter!
Da hielt Sankt Martin an.

5. Den Mantel, seinen warmen,
den schneidt er entzwei
und teilt ihn mit dem Armen
und findet nichts dabei,
dem Armen, dem Armen
und findet nichts dabei.

6. Er hat ihn lieb von Herzen
und hilft so gut er kann.
Drum zünden wir die Kerzen,
in den Laternen an,
die Kerzen, die Kerzen,
in den Laternen an.

7. Wir ziehn mit der Laterne
Sankt Martin hinterdrein.
Und jeder möchte gerne
so wie Sankt Martin sein,
so gerne, so gerne,
so wie Sankt Martin sein.

● *Spielvorschlag zum Lied* ● *Rätsel*

● Spielvorschlag

Zunächst eignet sich dieses einfache Martinslied bestimmt für den Laternenumzug am Martinstag. Es geht aber über die üblichen Laternenlieder hinaus, weil es in elementarer Form die überlieferte Martinslegende erzählt und direkte Bezüge zu unserer Gegenwart und zu den Kindern herstellt.

Im Kreisspiel gehen wir mit der Laterne zur ersten Strophe im Kreis hinter Sankt Martin auf seinem Pferd her. Das Pferd kann von einem oder zwei Spielern gespielt werden. Je nach Gewicht und Behendigkeit kann Sankt Martin das Pferd führen oder auf ihm reiten.
Zur zweiten Strophe geht der Bettler langsam in die Mitte des Kreises und setzt sich dort auf den Boden.
Zur dritten Strophe verläßt Sankt Martin mit seinem Pferd den Außenkreis und reitet zu dem Bettler hin.
Zur vierten Strophe hebt der Bettler die Hände, und Sankt Martin hält sein Pferd an.
Zur fünften Strophe nimmt Sankt Martin den Mantel von seiner Schulter und teilt ihn in zwei Stücke. Er reicht dem Bettler die eine Hälfte und legt sich die andere wieder um. Wir können hierfür den Martin mit zwei gleichaussehenden oder gleichfarbigen Anoraks oder Jacken ausstatten, so daß er die beiden mitten durchschneiden und wirklich mit dem Bettler teilen kann.
Zur sechsten Strophe reitet Martin wieder zurück in den Außenkreis. Auch der Bettler reiht sich hier ein, so daß wir zur letzten Strophe wieder genau wie zur ersten im Kreis herumgehen. Dabei können wir wirkliche Laternen tragen oder mit unseren Händen andeuten, daß wir ein Licht vor uns her tragen.

Drei kleine Rätsel

Es lag ein armer Mann im Schnee.
Ein Reiter kam und sagt: „O weh!"
Er teilt mit diesem armen Mann
drauf seinen warmen Mantel dann.
Fällt dir jetzt die Geschichte ein,
dann sag, wer mag der Reiter sein?

(Sankt Martin)

Ich bin aus Pappkarton gemacht
und leuchte durch die dunkle Nacht.
Trägt man mich durch die Straßen wieder,
dann singen Kinder frohe Lieder.

(Laterne)

Im Sommer willst du nichts von mir wissen und wirst mich noch nicht einmal vermissen.
Aber im Winter holst du mich raus und ziehst mich an, gehst du aus dem Haus.

(Mantel)

52

Rabeas Laterne

„Aber bis Sankt Martin bin ich doch wieder gesund!" sagt Rabea, als Doktor Fabian gegangen ist. Er hat Rabea gründlich untersucht und Saft und Tabletten aufgeschrieben, die Mama nachher noch in der Apotheke besorgen muß.

Mama zuckt mit den Schultern. „Vielleicht!" sagt sie. „Vielleicht auch nicht! Aber bis dahin hast du ja noch Zeit, um wieder ganz gesund zu werden."

Am Abend hat Rabea so hohes Fieber, daß sie gar nicht mehr an Sankt Martin denkt. Sie mag nichts essen und schläft immer wieder ein.

„Schlaf ist am besten!" meint Papa, als er am Abend kommt und nach Rabea sieht. Er sitzt lange an Rabeas Bett, und Rabea merkt es noch nicht einmal. „Schlaf' dich gesund!" sagt Papa endlich leise und geht auf Zehenspitzen aus dem Zimmer.

Am nächsten Tag geht es Rabea genau so schlecht, und auch Doktor Fabian kommt wieder, um nach ihr zu sehen.

„Geben Sie ihr regelmäßig die Medizin!" sagt er zu Mama, als er geht. „Ich komme übermorgen wieder vorbei!"

Es dauert fast eine Woche lang, bis Rabea wenigstens für kurze Zeit einmal aufstehen darf. Und nun darf sie zum Essen auch wieder mit Mama und Papa am Tisch sitzen und muß nicht allein im Bett essen, wo die Krümel pieken und es überhaupt nicht mehr schön ist.

Aber in den Kindergarten darf Rabea noch lange nicht. Noch nicht einmal Mama beim Einkaufen begleiten! Das ist ganz schön langweilig.

Und übermorgen ist Sankt Martin.

Immer wieder muß Rabea an ihre schöne Laterne denken, die sie extra für den Laternenzug am Martinstag gebastelt hat. Frau Riegner hat ihr dabei geholfen und gesagt, daß es fast die schönste Laterne von allen geworden ist.

Und jetzt steht die schöne Laterne allein und verlassen im Kindergarten und wartet darauf, daß Rabea die Kerze in ihr ansteckt und mit ihr und all den andern Kindern mit ihren Laternen beim Laternenzug mitgeht. Rabea muß sich ein paar Tränen aus den Augen wischen, wenn sie nur daran denkt.

„Nein, übermorgen darfst du noch nicht nach draußen!" sagt Mama. „Das ist noch viel zu früh. Stell' dir vor, du kriegst dann einen Rückfall! Dann wird alles noch schlimmer als es schon war!"

Natürlich hat Mama recht! Rabea versucht auch tapfer, ihren Schmerz zu verdrängen. Aber Mama weiß genau, was sie fühlt. Sie legt den Arm um Rabea und tröstet sie. „Nächstes Jahr bist du bestimmt wieder dabei!"

„Nächstes Jahr bin ich schon in der Schule!" sagt Rabea leise und traurig.

„Wer weiß, ob wir dann beim Laternenzug noch mitmachen!"

Mama denkt nach und erinnert sich plötzlich. „Du, der Zug geht doch durch unsere Straße!" sagt sie. „Dann kannst du ihn doch von unserem Fenster aus sehen. Sie gehen ja dann alle gerade unter dir! Da siehst du noch viel mehr von dem Zug und den Laternen, als wenn du mittendrin wärst!"

Doch Rabea möchte viel lieber mittendrin sein als nur hier vom Fenster herunter auf den Zug schauen.

Mama ist genauso traurig wie Rabea, aber sie kann ihr auch nicht helfen.

„Dann machen wir es uns übermorgen

● *Geschichte*

ganz besonders gemütlich!" sagt sie und verspricht Rabea, morgen mit ihr wirklich Weihnachtsplätzchen zu backen.
Weihnachtsplätzchen, obwohl es noch lange, lange nicht Weihnachten ist.
Und bald wird Rabea auch wieder gesund sein.
Am späten Nachmittag des Martinstages, als es draußen schon dunkel wird, hocken Rabea und Mama am Fenster. Mama hat die große Kiste vor das Fenster geschoben. So können beide ganz bequem darauf knien und aus dem Fenster sehen.
Sie warten lange.
Aber dann hört es Rabea zuerst: Ein Singen und Klingen aus der Ferne, ein Laternenlied von weit, weit her.
Aber dann kommen sie näher, und nun kann Rabea bereits den Sankt Martin auf seinem Pferd sehen. Er kommt um die Ecke geritten, und viele Kinder mit ihren hell leuchtenden Laternen folgen ihm.
„Einen Spalt breit können wir das Fenster aufmachen!" sagt Mama, und dann macht sie es doch so weit auf, daß Rabea richtig hinunter auf die Straße gucken kann.
Rabea hört die Kinder singen. Es ist ein langer Laternenzug, der hinter Sankt Martin herzieht.
Jetzt sieht Rabea plötzlich Stefanie und Andreas unter sich auf der Straße, und Tim und Simone sind auch dabei. Und dort drüben geht auch Frau Riegner. Rabea wundert sich nur.
Frau Riegner trägt eine Laterne, die Rabea nur zu gut kennt: Rabeas Laterne.
Dann hält der Zug an, und alle Kinder schauen nach oben zu Rabeas Fenster hinauf. Sie winken ihr zu und schwenken ganz vorsichtig ihre Laternen hin und her.
„Jetzt singen wir ein Lied für dich!" ruft Frau Riegner hinauf, als sie Rabea am erleuchteten Fenster entdeckt.

„Ja, ein Lied für Rabea!" rufen die Kinder durcheinander.
Und dann singen sie: „Ich geh mit meiner Laterne …"
Das ist schön! Rabea freut sich so sehr, daß sie gar nicht hört, daß es an der Wohnungstür läutet.
Doch Mama hat es gehört und geht zur Tür. Als sie zurückkommt, bringt sie Frau Riegner mit. Und Frau Riegner ist extra zu ihnen herauf gekommen, um Rabea ihre Laterne zu bringen.
Rabea freut sich so sehr, daß sie Frau Riegner einmal ganz fest drücken muß. Frau Riegner hat nur wenig Zeit. Sie muß schnell wieder hinunter zu den anderen Kindern.
„Du bist ja bald wieder gesund!" sagt sie, als sie geht. „Und dann sehen wir uns wieder jeden Tag im Kindergarten."
„Einen Augenblick noch!" ruft ihr da Mama nach und holt aus der Küche ein ganzes Körbchen voll frisch gebackener Plätzchen.
„Nehmen Sie das für die Kinder mit!"
Und dann sieht Rabea oben aus ihrem Fenster zu, wie Frau Riegner die Plätzchen verteilt, die Rabea gestern mit Mama gebacken hat.
Die Kinder winken ihr zu, und Rabea winkt zurück. Sie ist so richtig glücklich.
Jetzt setzt sich der Zug wieder in Bewegung, und Rabea schaut den Kindern mit ihren Laternen solange nach, wie sie sie noch sehen kann.
Dann schließt Mama das Fenster.
„Nächste Woche kannst du sicher wieder in den Kindergarten gehen!" sagt sie, und Rabea streicht ganz behutsam über ihre Laterne und freut sich.

● *Bastelvorschlag*

Eine Laterne für den Martinstag

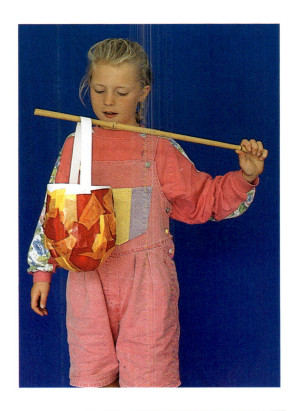

Wir brauchen Karton (Plakatkarton DIN A 2), farbiges Transparentpapier, einen Alleskleber, Kleister und eine Kerze.

Bastelanleitung

Zunächst schneiden wir aus der Breitseite des Kartons sechs ca. 2 cm breite Streifen ab. Jeder Streifen hat eine Länge von 50 cm.

Ein Streifen ist der Rand unserer Laterne. Wir heften die beiden Enden dieses Streifens zusammen, so daß ein Umfang von ca. 40 cm entsteht. Dazu verkürzen wir den Streifen oder schieben die beiden Enden übereinander.

Nun heften wir einen Streifen an diesem Rand fest und befestigen ihn auch an der gegenüberliegenden Seite des Randes.
Drei weitere Streifen werden ebenfalls in gleicher Weise angebracht.

Alle Streifen treffen sich in der Mitte. Sie werden mit der Heftmaschine dort, wo sie sich treffen, zusammengefaßt. Dieser Punkt stellt den Mittelpunkt unserer Laterne dar.

Wir bekleben das nun entstandene Gerüst rundherum mit farbigem Transparentpapier.

Der sechste Streifen wird als Henkel angeheftet, durch den später auch ein Stock geführt werden kann.

Die Mutter oder Erzieherin hilft, wenn die Kerze auf dem Mittelpunkt der Laterne mit ihrem eigenen flüssigen Wachs befestigt wird.

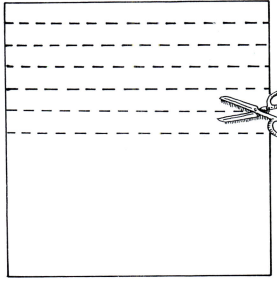

(Karton)

• *Winterlied*

Herr Winter, Herr Winter

Text: Rolf Krenzer / Musik: Anke und Detlev Jöcker

2. Herr Winter, Herr Winter,
wie heißen Ihre Kinder?
Das eine Kind heißt Schnee,
das andere heißt Eis,
und wenn sie kommen,
wenn sie kommen,
dann wird's draußen weiß!

3. Herr Winter, Herr Winter,
sind das all Ihre Kinder?
Der Nebel und der Frost
auch Winterkinder sind,
und wenn sie kommen,
wenn sie kommen,
dann weht kalt der Wind.

4. Herr Winter, Herr Winter,
wann gehen Ihre Kinder?
Wenn warm die Sonne scheint,
beeilen sie sich schon
und laufen, laufen,
laufen, laufen,
laufen schnell davon.

● *Spielvorschlag zum Lied* ● *Kleine Verse*

● Spielvorschlag

Wir spielen im Kreis.
Auf der einen Seite des Kreises steht der Winter mit all seinen Kindern.
Auf der gegenüberliegenden Seite stehen die Kinder, die fragen.
Die Kinder beginnen zu fragen: „Herr Winter, Herr Winter, wann kommen ihre Kinder?"
Dann laufen die Winterkinder auf die anderen zu, breiten die Arme weit aus und versuchen, sie zu berühren. Dazu pusten sie, so fest sie können.
Jetzt zeigen wir alle, wie es ist, wenn wir jämmerlich frieren. Wir schlagen die Arme um unsern Körper, krümmen uns vor Kälte und drängen uns ganz dicht aneinander.
Zur zweiten Strophe dürfen wir wie Schneeflocken im Kreis herumschweben und ganz leicht auf den Boden sinken.
Wenn in der dritten Strophe Nebel und Frost genannt werden, gehen wir mit langsamen Schritten vorsichtig im Kreis herum und blinzeln dabei, weil wir im Nebel nicht deutlich sehen können.
Zur letzten Strophe laufen wir immer schneller und laufen am Ende aus dem Kreis heraus.
Bei der Wiederholung tauschen wir die Seiten im Kreis.

Kleine Verse

Guten Tag, lieber Winter

„Guten Tag, lieber Winter!"
so rufen wir Kinder.
Willkommen, juchhe,
mit Eis und mit Schnee!

Und kommst du geschritten,
da wartet der Schlitten
und will in den Schnee.
Willkommen, juchhe!
Drum rufen wir Kinder:
Guten Tag, lieber Winter!
Wir wußten es ja:
Und jetzt bist du da!

Leut', Leut', Leut'

Leut', Leut', Leut',
seht nur her: Es schneit:
Holt jetzt euren Schlitten raus,
nichts wie in den Schnee hinaus,
weil es endlich heut
schneit, ihr lieben Leut'!

Wer will mit nach draußen gehn?

Wer will mit nach draußen gehn,
einen Schneemann bauen?
Das muß heut' noch schnell geschehn!
Morgen kanns schon tauen.

Du liebe Zeit, es schneit, es schneit!

Du liebe Zeit!
Es schneit, es schneit!
Die Flocken fliegen
und bleiben liegen.
Ach, bitte sehr:
Noch mehr, noch mehr!

Geschichte

Die Geschichte von dem Mann und dem Kind und dem Hund und dem Schlitten im Schnee

Papa hat gerade seinen letzten Schluck Kaffee aus der Tasse getrunken, da sitzt Moritz bereits vor ihm und stößt ihn mit seiner dicken Pfote an.

„Aha!" sagt Mama und lacht. „Jetzt bist du dran!"

Und Moritz, der große Moritz, fiept und jammert wie ein Hundebaby.

Die ganze Woche über ist Moritz damit zufrieden, wenn Papa und Mama spät am Nachmittag oder am Abend mit ihm noch einen Spaziergang machen. Aber Moritz weiß genau, wann Samstag und Sonntag ist. Dann will er nicht bis zum Nachmittag warten, sondern bedrängt Papa so lange, bis er mit ihm geht.

Thomas will natürlich auch mit. Und den Schlitten möchte er auch gern mitnehmen. Heute nacht hat es geschneit. Nicht viel. Nur ein bißchen. Aber niemand hätte das gestern, als es so doll regnete, für möglich gehalten. In der Nacht ist es plötzlich sehr kalt geworden. Und jetzt liegt etwas Schnee, und Glatteis ist noch obendrein.

„Wollen wir nicht bis heute nachmittag warten?" fragt Papa. „Dann ist das Glatteis getaut und der Schnee auch!"

Doch damit sind weder Thomas noch Moritz einverstanden.

„Also, gut!" sagt Papa schließlich und zieht sich die warme Jacke und die dicken Winterstiefel an. Mama hilft Thomas, den neuen Schneeanzug anzuziehen. Zum erstenmal in diesem Jahr darf Thomas ihn heute tragen. Moritz braucht nicht mehr als die Leine. Sein Fell ist so dick, daß die Kälte ihm nichts anhaben kann.

„Um halb eins essen wir zu mittag!" ruft Mama den beiden Männern noch nach, dann läuft sie schnell ins Haus zurück. Kalt ist es heute, bitterkalt!

Und Papa geht mit dem Hund an der Leine los. Hinter ihm kommt Thomas, der seinen Schlitten hinter sich her zieht.

An der nächsten Straßenecke will Moritz unbedingt in Müllers Garten, und Papa hat alle Mühe, ihn an der Leine festzuhalten. Zur gleichen Zeit beschwert sich Thomas, daß sich der Schlitten so schlecht ziehen läßt. Es ist zu wenig Schnee!

„Du wolltest ihn ja unbedingt mitnehmen!" sagt Papa und zieht den Hund aus Müllers Gartentürchen zurück.

So gehen sie weiter. Der Hund zieht Papa an der Leine. Papa hat Moritz an der Hand, und Moritz zieht den Schlitten hinter sich her.

„Am Wald ist die Wiese zum Schlittenfahren!" sagt Thomas an der nächsten Straßenecke. „Meine Arme tun weh!" sagt er noch.

Moritz aber will gar nicht zum Wald, sondern lieber nach der anderen Seite. Er weiß nämlich, daß dort Pepe, der Spitz, wohnt. Und mit dem zankt er sich jeden Samstag- und Sonntagmorgen.

Papa ist stärker als Moritz. Und was Papa sagt, das muß Moritz auch tun. So gehen sie nun auf den Wald zu. Das ist noch ein recht weiter Stück Weg. Aber sie werden es schon schaffen! Papa zieht den Hund an der Leine. Er hat Thomas an der Hand und zieht auch noch den Schlitten hinter sich her.

„Papa, schau nur!" ruft da Thomas plötzlich. „Es schneit jetzt richtig!"

Ja, Thomas hat recht. Dicke Schneeflocken wirbeln durch die Luft, und es werden immer mehr. So viele, daß im Nu die Straße zugeschneit ist und Papa jetzt auch glaubt, daß Thomas auf der Wiese vor dem Wald

● *Geschichte*

noch zum Schlittenfahren kommt. Nur zu dumm, daß sich so viele Schneeflocken immer wieder auf seine Brille setzen und ihm die ganze Sicht nehmen.

Moritz hat natürlich die Schneeflocken auch längst bemerkt. Er springt wie wild um Papa und Thomas herum und schnappt mit seinem Maul nach den komischen weißen, kalten Sternchen, die sich in seinem Maul in Wasser verwandeln.

So versuchen sie, so schnell wie möglich zu der Wiese am Wald zu kommen.

Der Hund springt um Papa herum und schnappt wie wild nach den Schneeflocken. Dabei verwickelt sich die Leine um Papas Beine, und Papa muß den Hund immer wieder loswickeln. Papa zieht den Schlitten hinter sich her, und Thomas sitzt auf dem Schlitten und läßt sich von Papa ziehen.

Als es dann bergauf geht und Papa merkt, warum der Schlitten auf einmal so schwer geworden ist, muß Thomas wieder absteigen. Und den Schlitten soll er jetzt auch allein ziehen. Schließlich wollte er ihn ja unbedingt mitnehmen, und außerdem liegt ja jetzt etwas Schnee, so daß Thomas doch wohl seinen Schlitten ganz alleine ziehen kann. Und dazu spielt der Moritz jetzt auch noch im Schnee verrückt.

Der Hund stürmt mit hechelnder Zunge den Hang hinauf. Papa hat alle Mühe, hinter ihm herzukommen. Und dann muß er noch mit anpacken und Thomas mit seinem Schlitten helfen, denn bergauf ist der Schlitten wirklich für Thomas ein bißchen zu schwer.

Als sie endlich oben an der Wiese vor dem Wald stehen, da freuen sich Papa und Thomas, daß sie die einzigen sind, die heute schon hier Schlitten fahren wollen.

„Sie haben sicher noch nicht bemerkt, daß es schneit!" meint Thomas, als er sich glückstrahlend auf seinen Schlitten setzt und

hinunter fahren will.

„Vielleicht wissen sie auch, daß der Schnee zum Schlittenfahren noch längst nicht reicht!" sagt Papa und versucht, mit beiden Händen Thomas auf seinem Schlitten anzuschieben, damit er endlich in Fahrt kommt.

Doch es klappt leider nicht.

„Ich glaube, es ist zu wenig Schnee!" meint Thomas kleinlaut und ist ganz nah am Weinen.

„Ich ziehe dich den Berg hinunter!" sagt Papa endlich. „Außerdem ist es schon nach zwölf Uhr. Wir müssen uns beeilen, daß wir schnell nach Hause kommen. Wenn wir zu spät zum Mittagessen kommen, ist Mama sauer!"

Und dann versucht Papa, den Schlitten so schnell wie möglich den Berg herunter zu ziehen. Und der Hund rennt vor ihm her, dann nach links und dann nach rechts und einmal sogar nach hinten, so daß Papa alle Mühe hat, den Schlitten noch rechtzeitig zu stoppen. Und Thomas sitzt auf dem Schlitten und klatscht vor Begeisterung in beide Hände. „Schneller, Papa, schneller!" ruft Thomas ihm von hinten immer wieder zu.

Als sie endlich zu Hause ankommen, ist es später als halb eins. Aber Mama kann gar nicht schimpfen, weil Papa so kaputt und fertig ist.

Aber der Moritz kann immer noch. Er stürmt an Mutti vorbei in das Haus.

„Nie mehr im Leben gehe ich an einem ersten Schneemorgen mit einem Hund, einem Kind und einem Schlitten spazieren!" sagt Papa und zieht sich blitzschnell aus. Aber Thomas drückt seine Mutter so fest er nur kann. „Es war so schön!" sagt er immer wieder. Wir sind Schlitten gefahren, und Papa hat mich die ganze Zeit auf dem Schlitten gezogen. Und Moritz hat sich so sehr über den Schnee gefreut, daß er ganz

60

● *Geschichte* ● *Bastelvorschlag*

wild herumgetanzt ist und sogar Schneeflocken geschnappt hat. Und er hat Papa zweimal umgeworfen!"

„Diese dummen glatten Sohlen!" sagt Papa ärgerlich. „Sonst wäre ich niemals gefallen!"

„Aber das war gerade so schön!" lacht Thomas.

„Zweimal ist er in den Schnee geflogen, Mama!" ruft Thomas. „Und ich nicht einmal!"

„Und was ist morgen?" ruft er seinem Papa noch zu, der gerade im Bad verschwindet, um sich die Hände zu waschen.

„Weiß nicht!" nuschelt Papa zurück.

„Aber morgen ist Sonntag!" schreit Thomas hinter ihm her.

„Sonntag!" ruft Papa, bevor er endgültig verschwindet.

„Sonntag gehen wir alle wieder zum Schlittenfahren!" sagt Thomas ganz glücklich, Papa, Moritz und ich!"

Und dann wünscht er sich so sehr, daß morgen immer noch Schnee liegt. Besser noch: Viel mehr Schnee als heute!

Dann läuft er so schnell er kann zum Wohnzimmer. Denn da steht das Mittagessen bereits für alle auf dem Tisch.

Jetzt spürt Thomas erst, was für einen Hunger er hat!

Die schönsten Blumen mitten im Winter

Wir brauchen: Seidenpapier in verschiedenen Farben für die Blüten, dünnen, biegsamen Draht für die Stiele, ebenfalls Knickstrohhalme als Blütenstiele, Klebstoff.

Wir können einfache Blüten herstellen: Ein quadratisches Stück Seidenpapier mit einer Seitenlänge von ca. 20 cm wird zweimal

Bastelanleitung

gefaltet, so daß vier kleinere Quadrate entstehen. Durch weiteres Falten zu Dreiecken entstehen insgesamt 16 Blütenblätter, die am oberen Rand mit der Schere abgerundet werden.

Beim Auseinanderfalten liegt nun eine Blüte mit 16 Blütenblättern vor uns. Das ist die Grundform. Den Mittelpunkt befestigen wir an dem biegsamen Blumendraht oder dem Halm. Aus diesen einfachen Blüten können Blumen mit vielen Blütenblättern, z.B. zu Rosen und Nelken gestaltet werden.

Sie entstehen dadurch, daß mehrere Schichten der so ausgeschnittenen Blüten übereinander gelegt und in der Mitte befestigt werden.

Wie aus dem Foto zu erkennen ist, können aus grünem Seidenpapier geschnittene Blätter die Blumen noch zusätzlich schmücken. Auch können kleine Wollebommeln in einer Kontrastfarbe als Mittelpunkt in die Blüte eingearbeitet werden.

61

● *Zauberlied*

Papas alter Hut

Text: Rolf Krenzer / Musik: Detlev Jöcker

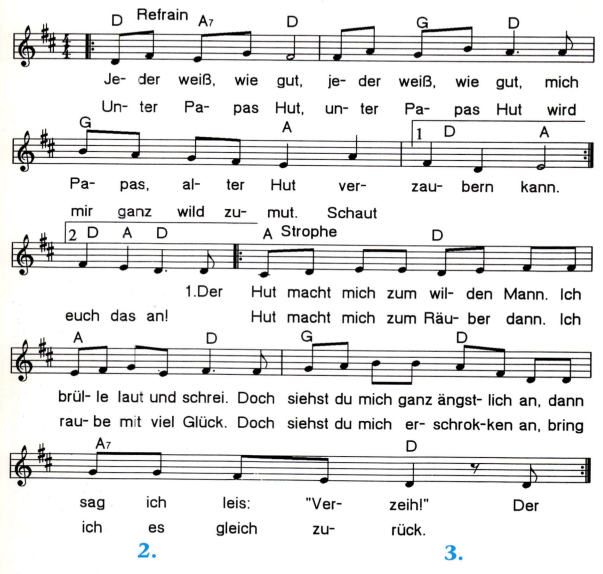

2.
Der Hut macht mich zum Krokodil,
daß alle Leute frißt.
Doch mach ich mich ganz klein und still,
wenn's zu gefährlich ist.
Refrain: Jeder weiß wie gut …

3.
Der Hut macht mich zum Elefant,
der ganz wild trampeln muß.
Doch kriegst du Angst, komm ich gerannt
und geb dir einen Kuß.
Refrain: Jeder weiß wie gut …

● Spielvorschlag zum Lied ● Spiel

4.

Der Hut macht mich zum Löwen dann,
der böse grollt und brüllt.
Doch schaust du mich dann ängstlich an,
bin ich gleich nicht mehr wild.
Refrain: Jeder weiß wie gut …

5.

Der Zauberhut verändert mich.
Doch merkst du irgendwann
daß wirklich weder mich noch dich
ein Hut verzaubern kann.
Refrain: Jeder weiß wie gut …

● Spielvorschlag

Ob wir einen alten Hut oder sonst etwas auf
den Kopf setzen, spielt keine Rolle.

Wichtig ist, daß wir uns „verzaubern" dürfen und das, was im Text vorgeschlagen
wird, in das eigene mimische und gestische
Gestalten umsetzen.
Doch am Ende der jeweiligen Strophe zaubern wir uns wieder zurück und sind
diejenigen, die wir immer schon waren.

Im Kreisspiel bekommt zu jeder neuen Strophe ein anderer den Zauberhut.
Er darf sich dann unter seinem Hut allein
im Kreis verwandeln.
Er kann sich auch andere hinzuholen und
mit ihnen gemeinsam das darstellen, was
in der jeweiligen Strophe gefordert wird.

Viele Hüte wandern im Kreis

Ein Kreisspiel, an dem Kinder ebenso viel
Spaß haben wie Erwachsene.
Wir müßten uns bemühen, so viele Hüte zu
sammeln, wie nur möglich sind.
Je verrückter und ausgefallener die Hüte
sind, umso lustiger und lauter wird das
Spiel.
Wenn wir dann im Kreis sitzen, stellt der
Spielleiter einen Karton (Koffer, Sack oder
ähnliches) mit allen Hüten neben sich.
Dann sagen wir zusammen:
    „Ich hatte eine Tante,
    die Tante, die war gut
    Sie kauft sich jeden Morgen
    einen neuen Hut.
    Um den alten Fetzen
    nicht zu verletzen
    tat sie ihn dem nächsten
    auf das Köpfchen setzen."

Dazu holt der Spielleiter einen Hut aus dem
Koffer setzt ihn sich auf und setzt ihn am
Ende der Strophe seinem rechten Nachbarn
auf den Kopf. Wenn jetzt die Strophe wie-
derholt wird, nimmt sich der Spielleiter den
nächsten Hut aus dem Koffer, setzt ihn sich
auf und reicht ihn dann später weiter. Sein
rechter Nachbar setzt inzwischen seinem
Nachbarn den Hut auf den Kopf.
Die merkwürdigsten Kopfbedeckungen
wandern jetzt im Kreis herum, und bald ist
jeder mit einem solchen Ding ausgerüstet,
das von allen getragen wird, weil die Hüte
ja reihum gehen.
Je origineller die Kopfbedeckungen sind,
umso lustiger wird das Spiel.
Strohhüte, einmal sehr elegant gewesene
Hüte sind ebenso gefragt wie Babymützchen
und fremdartige Kopfbedeckungen aus
anderen Ländern und Erdteilen.

63

Rätsel zum Nachahmen

Ich bin ein Hund
und doch kein Hund.
Ich belle laut wie er.
Ich schwimme
schneller als ein Fisch
im Wasser hin und her.
Doch komm ich aus
dem Wasser raus,
leg' ich mich hin
und ruh' mich aus.

(Seehund)

Ich bin ein Vogel.
Ja, das stimmt:
Ein Vogel, der im Wasser schwimmt.
Doch will ich dann ans Ufer gehn,
ist auch mein schwarzer Frack zu sehn.
Stolziere wie ein Mannequin.
Jetzt rate, rate, wer ich bin!

(Pinguin)

Zu mir will jeder im Zoo hingehen.
Bei mir bleiben alle Leute stehn.
Ich springe herum,
kann freundlich winken
und grad wie du
aus der Tasse trinken,
Bananen schälen
und Kleider tragen.
Wie heiße ich?
Kannst du es sagen?

(Affe)

● Geschichte

Ein Seehund auf dem Sofa

Wenn Opa zu Besuch ist, hat er immer Zeit für Susanne und Fabian. Die beiden sind Zwillinge, und manchmal stöhnt Mama, wenn es ihr mit Susanne und Fabian zuviel wird. Opa hat gute Nerven, und ihm wird nichts zuviel. Er spielt geduldig mit ihnen Bilderlotto und Memory. Aber auch ganz andere Sachen. Wilde Spiele, für die weder Mama noch Papa zu haben sind.

„Laßt den Opa doch einmal in Ruhe!" sagt Mama oft, wenn sie beide auf seinem Bauch liegen oder sich von ihm auf dem Rücken durch die Wohnung schleppen lassen.

„Laß' sie doch!" sagt Opa dann und lacht. „Ich wehre mich schon, wenn es mir zuviel wird!"

Weil es heute naß und kalt draußen ist, können Susanne und Fabian nicht zum Spielplatz. Da ist es gut, daß Opa zu Besuch ist.

„Heute spielen wir Zirkus!" rufen die Zwillinge. „Opa, du spielst doch mit!"

Bevor Mama etwas dagegen einwenden kann, sagt Opa bereits: „Sie waren doch den ganzen Morgen im Kindergarten. Da hatte ich ja meine Ruhe. Jetzt laß' sie doch mal, Margot!"

Und dann hilft Opa den Zwillingen im Wohnzimmer aus Stühlen und Decken zunächst einmal ein ordentliches Zirkuszelt zu bauen. Weil ein Zirkus ohne Clown kein Zirkus ist, spielt Opa zuerst einmal den Clown und dann noch den Zauberer. Die Kinder staunen nur, was der Opa alles zaubern kann. Er braucht nur einen Hut und ein paar Spielkarten, und schon zaubert er die tollsten Sachen. Zum Zirkus gehören aber auch Tiere.

„Opa, machen wir Ponyreiten?" fragen die Zwillinge.

Opa nickt. „Aber danach etwas Ruhiges!" sagt er dann. „Jetzt merke ich doch, daß ich nach dem Mittagessen ganz schön müde geworden bin!"

„Klar!" sagen die Zwillinge. „Es gibt auch ganz ruhige Sachen im Zirkus!"

Aber vorher muß Opa das Pony beim Ponyreiten sein.

Zuerst schleppt er Fabian auf seinem Rücken fünfmal um den Tisch herum. Doch dann meint Susanne, daß ein Pony viel kleiner ist und außerdem vier Beine hat.

„Du kannst du recht haben!" meint Opa und läßt sich auf alle Viere nieder. Wenn er jetzt um den Tisch kriecht, geht das alles zwar etwas langsamer. Dafür können aber Fabian und Susanne gleichzeitig aufsteigen und auf seinem Rücken sitzen.

Toll ist das, einfach toll!

Nach der sechsten Runde aber stellt das Pony fest, daß es eigentlich jetzt recht müde ist und nicht mehr Pony sein möchte.

„Klar, Opa!" rufen die Kinder. „Im Zirkus gibt es auch ganz ruhige Nummern. Wir haben noch etwas ganz Schönes für dich!"

Zunächst beraten sich die Zwillinge erst einmal, so daß Opa es sich in der einen Sofaecke ganz gemütlich machen kann. Und gleich ist auch Susanne da und sorgt dafür, daß Opa ein weiches Kissen im Rücken hat und auch sonst ganz bequem sitzt. Opa muß aufpassen, daß ihm nicht die Augen zufallen.

Die Zwillinge aber überlegen, wie sie Opa nun als nächstes am besten einsetzen können.

„Wir können ihn als Affen nehmen! Als Gorilla oder Orang-Utan!" Affen sind Fabians Lieblingstiere.

„Da muß er zu viel springen!" Susanne schüttelt den Kopf. „Und ein Schimpanse,

66

● *Geschichte*

der nur dasitzt und die Augen zu hat, ist ein langweiliger Affe!"
Da hat sie recht. Fabian schaut kurz zu Opa hin, der ganz leicht mit offenem Mund vor sich hinschnarcht.
„Vielleicht ein Löwe!"
Susanne stellt sich vor Opa und betrachtet ihn nachdenklich. „Dann muß er aber liegen!" sagt sie dann. „Löwen, die so wie Opa sitzen, gibt es nicht!"
Behutsam packen beide zu und drehen Opa ein bißchen herum, so daß sie dann seine Beine auch noch auf das Sofa hinaufwuchten können.
Opa macht schläfrig die Augen auf und blinzelt ihnen zu. Das wird also jetzt die ruhige Nummer!" sagt er dann. Und mit einem leise gemurmelten „Okay!" streckt er sich so richtig auf dem Sofa aus und schließt wieder die Augen. Jetzt hat er die Hände über dem Bauch gefaltet.
„Ein Löwe sieht aber anders aus!" sagt Fabian als er sich Opa von allen Seiten beguckt hat. „Der hat auch nicht die Hände auf dem Bauch!"
„Opa sieht mehr wie ein riesiger Seehund aus!" stellt Susanne fest.
Genau! Ein Seehund und nichts anderes wird Opa nun in dem Zirkus sein. Sie brauchen ihm jetzt nur noch die Schuhe auszuziehen, denn Seehunde tragen keine Schuhe. Sonst aber stimmt alles.
„Jetzt müssen wir ihm noch Sachen umhängen, damit er ein richtiger Seehund wird!" schlägt Susanne vor und schaut sich im Zimmer um. Es müssen schwarze und graue Sachen sein, denn Opas kariertes Hemd paßt ebensowenig zu einem Seehund wie seine grünen Strümpfe.
Nein, die Tischdecke ist zu hell. Aber im Kinderzimmer gibt es graue Decken und bestimmt noch mehr, was man für den Seehund verwenden kann.
„Spielt ihr schön?" fragt Mama, als ihr die

● *Geschichte*

Zwillinge auf dem Flur vollbepackt begegnen. „Wollt ihr denn jetzt den Opa ein bißchen in Ruhe lassen? Er ist ja nicht mehr der Jüngste!"
„Opa geht es gut!" lacht Susanne und verschwindet eilig mit Fabian im Wohnzimmer.
Sie legen graue Decken über Opas Bauch und Beine. Und dann malt Fabian ihm mit Farbe das Gesicht so grau wie es nur geht. Ja, so ein bißchen sieht Opa jetzt wirklich wie ein Seehund aus!
Jetzt stört nur noch Opas Glatze. Aber dafür hat Susanne auch bereits gesorgt.
Im Flur hängt Mamas grauer Pullover, den ihr Tante Erika für den Winter gestrickt hat. Schon flitzt sie hinaus, um ihn zu holen.
Und dann ziehen sie gemeinsam den dikken Pullover Opa über den Kopf.
Ja, genau so! Von Opas Glatze ist nichts mehr zu sehen. Jetzt gucken nur noch die Augen, der Mund und die Nase hervor, und daran läßt sich nichts ändern. Aber sonst sieht Opa wirklich wie ein Riesenseehund aus. Und so ein großes Tier hatten sie noch nie zu Hause.
Jetzt holen sie noch ein paar bunte Bälle und legen sie um Opa herum. Bunte Bälle gehören im Zirkus einfach zu Seehunden. Und Susanne findet auch noch zwei Luftballons, die sie aufblasen und ganz behutsam auf Opas Schulter legen. Sie betrachten den Seehund auf dem Sofa noch eine Weile, beschließen aber dann, in das Kinderzimmer zu gehen und dort die Kassette anhören, die Opa ihnen mitgebracht hat. Schließlich gibt es in jedem Zirkus auch einmal eine Pause. Und nachher ist Opa sicher nicht mehr so müde.
„Habt ihr alles aufgeräumt? ruft Mama ihnen nach.
„Alles!" sagen Susanne und Fabian.
„Und Opa?"

„Er ruht sich aus!" kommt sogleich die Antwort.
Darauf verschwinden die beiden im Kinderzimmer.

Als Mama viel, viel später ins Wohnzimmer kommt und den Kaffeetisch für Opa und sich decken will, erschrickt sie sehr, als sie das große grauschwarze Ungeheuer auf dem Sofa liegen sieht. Aber weil ihr die Schnarcher so bekannt vorkommen, kann das nur Opa sein.
Doch wie sieht Opa aus!
Ganz schnell zieht Mama ihm den dicken Pullover vom Kopf.
„Habt ihr es heiß in eurer Wohnung!" sagt Opa als er wach wird. „Ich schwitze mich noch kaputt!"
„Ja, wenn man mit einem Pullover um den Kopf herum schläft!" Mutti ist ein bißchen ärgerlich. „Hast du denn nicht gemerkt, was die Kinder mit dir gemacht haben?"
„Ich habe nur geschlafen und geschwitzt!" gibt Opa zur Antwort und schält sich aus den vielen Decken heraus. „Die Kinder waren ganz lieb!"
„Und wie siehst du aus!" sagt Mama und gießt den Kaffee für Opa ein. „Einen ganz roten Kopf hast du!"
Da stürmen die Zwillinge ins Zimmer. „Unser Seehund ist wieder wach!" rufen sie und springen Opa auf den Schoß.
„Jetzt trinken wir zuerst einmal Kaffee" sagt Opa.
„Und dann?" fragen die Zwillinge.
„Dann sehen wir weiter!" sagt Opa und blinzelt den beiden schon wieder zu.
„Opa!" sagt Mama nur und schüttelt den Kopf. Aber sie lacht dabei.

• *Bastelvorschlag*

Eine Maske, hinter der man sich verstecken kann

Man braucht nur in ein beliebiges Stück Karton oder in ein Papier zwei Augenlöcher zu schneiden, und schon entsteht eine Maske, die man bunt bemalen oder bekleben kann.
Hier ist eine ganz einfache Maske aus bunt bemaltem und beklebtem Eierkarton entstanden.

Bastelanleitung

Wichtig ist nur, daß auf jeder Seite hinten – nicht zu nah am Rand – zwei Löcher eingestochen werden, an die ein Gummiband festgeknotet wird.
Es muß so lang sein, daß es um den Kopf herumreicht.

69

● Nikolauslied

Wieder geht der Nikolaus

Text: Rolf Krenzer / Musik: Detlev Jöcker

1. Wie-der geht der Ni-ko-laus durch die Stadt von Haus zu Haus.

Al-le Kin-der wün-schen sich: Ni-ko-laus, ver-giß mich nicht!

Ni-ko-laus, Ni-ko-laus, ach, ver-giß mich nicht!

Ni-ko-laus, Ni-ko-laus, ach, ver-giß mich nicht!

2. Hör' ich ihn dann vor dem Haus,
halt ich's kaum vor Freude aus
und ich öffne schnell die Tür.
„Bitte komm herein zu mir."
„Nikolaus, Nikolaus,
komm herein zu mir!"
„Nikolaus, Nikolaus,
komm herein zu mir!"

3. Guten Abend, Nikolaus,
leere deinen Sack hier aus.
Hast du auch an mich gedacht
und mir etwas mitgebracht.
Nikolaus, Nikolaus
und was mitgebracht,
Nikolaus, Nikolaus,
und was mitgebracht.

4. Singe ich ein Lied für dich,
Nikolaus, dann freust du dich.
Und du legst mir noch dazu,
was in meinen großen Schuh.
Nikolaus, Nikolaus,
was in meinen Schuh.
Nikolaus, Nikolaus,
was in meinen Schuh.

5. Dankeschön, ja, Dankeschön!
Gern laß ich dich weitergehn.
Alle Kinder freuen sich,
denn sie warten schon auf dich,
Nikolaus, Nikolaus,
warten schon auf dich,
Nikolaus, Nikolaus,
warten schon auf dich.

● *Spielvorschlag zum Lied* ● *Fragespiel*

● Spielvorschlag

Ein kleines Nikolauslied, das wir alle dem Nikolaus vorsingen können.
Einer kann sich auch als Nikolaus verkleiden und zu dem Lied im Kreis herumgehen. Wenn wir einen Schuh ausziehen und ihn vor uns stellen, legt der Nikolaus in jeden Schuh etwas aus seinem Sack hinein. Aber wir dürfen nicht zugucken, denn das, was im Schuh steckt, sollen wir später durch Fühlen und Tasten erraten.

Mit kleineren Kindern singen wir nur diese eine Strophe immer wieder:

> Guten Abend, Nikolaus,
> leere deinen Sack hier aus.
> Hast du auch an mich gedacht,
> Und mit etwas mitgebracht?
> Nikolaus, Nikolaus,
> und was mitgebracht.

Dazu geht einer als Nikolaus im Kreis herum. Nun darf jeder einmal in den Sack hineingreifen und durch Tasten erraten, was der Nikolaus für ihn im Sack hat. Wenn er es richtig errät, darf er es behalten ... oder in der nächsten Runde den Nikolaus spielen und wieder zu dem Lied mit dem Sack im Kreis herumgehen.

Fragespiel

Was ist in dem Säckchen drin?

Niki bekommt vom Nikolaus in der Geschichte noch ein geheimnisvolles Päckchen geschenkt, und es wird nicht verraten, was in dem Päckchen ist.
Das können wir selbst herausfinden.
Einer darf den Nikolaus spielen. Er kommt mit einem großen Sack in den Kreis. Jeder darf einmal in den Sack hineingreifen. Nur mit Fühlen und Tasten muß er herausfinden, was in dem Sack steckt. Was richtig erraten wird, wird herausgelegt. Wer dann den letzten Gegenstand richtig errät, darf in der nächsten Spielrunde der Nikolaus sein. Statt des Sacks kann auch ein Karton, eine Schachtel usw. verwendet werden.

Was Niki sich vom Nikolaus wünscht

Letztes Jahr war der Nikolaus da gewesen. Daran kann sich Niki noch ganz genau erinnern. Hier im Wohnzimmer hat er gestanden, und Niki hat kein bißchen Angst vor ihm gehabt. Warum auch? Der Nikolaus war so lieb gewesen, daß er für Niki einen ganzen Teller voll Plätzchen mitgebracht hat. Und in seinen blauen Halbschuh hat er das rote Feuerwehrauto gesteckt, daß sich Niki so sehr gewünscht hat.
Das rote Feuerwehrauto hat Niki aber erst entdeckt, als der Nikolaus schon längst wieder fortgegangen war. Da hat Niki das Fenster aufgemacht und so laut wie er nur konnte „Danke, lieber Nikolaus!" hinausgebrüllt. Vielleicht hat es der Nikolaus ja wirklich noch gehört.
Heute abend wird der Nikolaus ganz bestimmt wieder kommen. Niki freut sich schon sehr darauf. Aber dann ist er auch wieder traurig, weil die Oma nicht dabei sein kann. Letztes Jahr schon hätte die Oma so gern den Nikolaus getroffen. Aber als die zu Niki kam, war der Nikolaus schon dagewesen und längst wieder fort. Da war die Oma so traurig gewesen, daß Niki sie trösten mußte und ihr Plätzchen aus dem Teller, den der Nikolaus mitgebracht hatte, angeboten hatte. In diesem Jahr wird die Oma den Nikolaus leider wieder nicht treffen.
Und in diesem Jahr ist alles noch trauriger als im letzten. Wieder kann die Oma nicht kommen, noch nicht einmal zu spät.
Die Oma hat sich nämlich letzten Dienstag den Fuß gebrochen und muß jetzt ganz ruhig im Bett bleiben. Vielleicht kann sie Weihnachten aufstehen. Aber das wissen weder die Ärzte noch die Schwestern im Krankenhaus ganz genau.
Sie waren nur damit einverstanden, daß Opa die Oma mit dem Auto wieder mit nach Hause nimmt. Natürlich kann er sich um Oma kümmern! Das wäre doch gelacht, hat der Opa gesagt und die Oma einfach mitgenommen.
Jetzt macht er den Haushalt und versorgt noch die Oma dazu.
Nur aufstehen kann die Oma noch nicht.
„Kommt den wenigstens der Nikolaus am Freitag zu dir?" hat Niki gefragt und sich schmerzlich daran erinnert, daß Oma in diesem Jahr nicht bei ihnen sein kann.
„Zu mir kommt kein Nikolaus!" hat Oma leise gesagt. „Was will er denn auch bei alten Leuten! Am liebsten kommt er zu euch, ihr Kinder! Die alten Leute laßt ihn mal ruhig vergessen!"
Niki ist richtig traurig, daß die Großeltern nicht kommen können. Da hilft es auch nicht viel, daß er mit Mama und Papa am Sonntag zu Oma und Opa fahren wird.
„Und wenn der Nikolaus vielleicht etwas später zur Oma kommt?" fragt er noch einmal. „Dann, wenn er wieder Zeit hat. Am Samstag oder am Sonntag?"
„Eigentlich kommt der Nikolaus nur zu Kindern!" meint Papa. Und damit hat er wohl auch recht.
Als es später an der Wohnungstür schellt und wirklich der Nikolaus davor steht, da ist alles so, wie Niki es sich so sehr gewünscht hat. Der Nikolaus läßt sich ein Lied vorsingen, nur ein ganz kleines. Und Niki singt es laut und schön, ohne nur einmal stecken zu bleiben.
Der Nikolaus nickt mit seinem Kopf und schlägt mit dem Stock den Takt dazu. Weil es ihm so gut gefallen hat, fragt er Niki, ob er vielleicht noch ein Lied kann.
Natürlich kann Niki. Und der Nikolaus ist sehr zufrieden.

● *Geschichte*

Als der dann seinen Sack auspackt, da hat er für Niki ein Säckchen mit Plätzchen und noch eine geheimnisvolle kleine Schachtel, die Niki aber erst später auspacken soll.

„Danke auch für das rote Feuerwehrauto beim letztenmal!" sagt Niki noch, und der Nikolaus nickt. „Ich habe dein Dankeschön letztes Jahr noch gehört!" sagt er freundlich. „Hast du noch einen Wunsch?" fragt er zum Schluß, als er wieder gehen will, weil noch so viele Kinder auf ihn warten.

„Meine Oma ..." sagt Niki schnell und beginnt vor Aufregung zu stottern. „Sie hat den Fuß gebrochen. Kannst du sie nicht noch besuchen? Sie hat so lange nicht mehr den richtigen Nikolaus gesehen. Und letztes Jahr ist sie bei uns zu spät gekommen!"

„Der Nikolaus hat bestimmt keine Zeit, um auch noch die Großen zu besuchen!" sagt Mama.

Doch der Nikolaus stellt noch einmal seinen Sack ab, knöpft seinen dicken roten Mantel auf und holt seinen Taschenkalender hervor. Er schlägt ihn auf und liest leise vor sich hin, was er sich alles aufgeschrieben hat. Nun schüttelt er traurig den Kopf. „Nein, Niki", sagt er, „es geht leider nicht mehr. Auch für den Nikolaus ist nachts um 12 Uhr der Nikolaustag vorbei. Leider habe ich für heute keinen einzigen Termin mehr frei!"

Er blickt Niki nachdenklich an.

„Aber du kannst doch an meiner Stelle zu ihr gehen. Morgen oder übermorgen!"

„Tu ich doch auch!" sagt Niki eifrig. „Aber ich bin doch nicht der Nikolaus. Die Oma ist schlau. Sie merkt das sofort!"

Da muß der Nikolaus lang und laut lachen. Er lacht so laut, daß sein dicker Bauch in dem roten Mantel ganz doll wackelt und sein langer Bart vom Lachen mitgeschaukelt wird.

„Aber du heißt doch genauso wie ich!" sagt der Nikolaus nach einer Weile.

„Niki ist der kleine Nikolaus. Und ich schikke den kleinen Nikolaus zur Oma. Sag' ihr, daß ich nicht kommen kann. Aber dafür bist du ja bei ihr." Er wiegt den Kopf hin und her. „Aber anrufen werde ich deine Oma!" sagt er dann.

„Ehrlich?" Niki sieht ihn mit leuchtenden Augen an. „Und du vergißt es wirklich nicht!"

„Ich werde mir einen Knoten ins Ohrläppchen machen!" lacht der Nikolaus, aber dann muß er wirklich gehen.

Als Niki mit seinen Eltern am Sonntag zu Oma kommt, freut sich die Oma sehr. Und der Opa freut sich auch, weil heute Mama bereits alles für das Mittagessen mitgebracht hat und auch selbst kochen will. Da hat der Opa heute frei.

„Ich bin für den Nikolaus gekommen!" sagt Niki zu Oma. „Er hat einfach keine Zeit mehr!"

„Du bist mir auch lieber als der Nikolaus!" lacht Oma und drückt Niki ganz fest an sich.

Bevor ihr Niki das mit dem Anrufen aber noch sagen kann, da klingelt bereits das Telefon. Opa geht dran. Er hört zu, schüttelt den Kopf und dann nickt er. Und schmunzelnd kommt er mit dem Telefon zu Oma an das Bett.

„Da will dich jemand sprechen!" sagt er und stößt Niki heimlich an.

„Wer?" fragt Oma.

„Irgend so ein alter Mann!" sagt Opa. Du kennst ihn noch von früher!"

Oma nimmt den Hörer, hört zu und beginnt laut zu lachen.

„Das kann ja nicht wahr sein" sagt sie immer wieder.

„Siehst du, der Nikolaus!" sagt Niki und klatscht vor Freude in die Hände.

❖❖❖

74

• *Bastelvorschläge*

Eine Geschenkidee: Schlüsselbrett

Irgendetwas mit Farbstiften oder anderen Farben malen, können bereits die Allerkleinsten. Statt der üblichen Malbögen bieten wie diesmal ein Stück Holz an. Das kann irgendein Abfallprodukt sein. Ein alter Deckel, ein Stück das wir im Wald finden, Abfallprodukte eines Sägewerkes, Bodenplatte eines Elektrogerätes usw. Statt auf Papier, malen wie heute auf HOLZ:
Die Motive können frei gewählt werden. Auf unserem Foto wurde die Straße gemalt, in der das Kind wohnt.
Nach dem Bemalen das Bild trocken lassen und später lackieren.
Dann wird auf der Rückseite ein Aufhänger befestigt. Vorn bringen wir kleine Haken an, so daß das fertige Produkt als Schlüsselbrett an der Wand aufgehängt werden kann. Bei unterschiedlichen Maltechniken und Motiven sieht jeder Schlüsselaufhänger anders aus. Etwas, was jeder in seiner Wohnung brauchen kann.

Bastelanleitungen

Ein Nikolausteller zum Nikolaustag

Wir brauchen:
einen Porzellanteller, Zeitungspapier, Tapetenkleister, Plaka-Farben, Lack und einen Pinsel.

Zuerst zerreißen wir das Zeitungspapier in kleine Fetzen.
Dann wird der Porzellanteller mit eine Lage Zeitungspapier ausgelegt.
Die Zeitungspapierfetzen streichen wir mit Tapetenkleister ein.
Mehrere Lagen Zeitungspapierfetzen werden gleichmäßig verteilt in den Teller (auf die Lage aus unzerrissenem Zeitungspapier) geklebt. Das Papier muß gut angedrückt werden damit die Form des Tellers gewahrt bleibt.
Nun warten wir, bis die Papierlagen getrocknet sind. Dann stürzen wir die Form aus dem Teller und lassen sie nochmals gut trocknen.
Wenn der Teller trocken ist, wird er mit Plaka-Farben bemalt.
Um dann den Teller dauerhafter zu gestalten, wird er nach dem Trocknen der Farbe noch lackiert.

75

● *Weihnachtslied*

Vom Christkind wollen wir singen

Text: Rolf Krenzer / Musik: Detlev Jöcker

2. Es wurde am Heiligen Abend
von Maria zur Welt gebracht.
So ist hier das Christkind geboren
in dem Stall in der heiligen Nacht.

3. Als einst das Kind hier geboren,
haben Hirten Engel gesehn.
Und Engel, sie haben verkündet,
was im Stall in der Nacht ist geschehn.

4. So sind die Hirten gekommen,
um im Stall das Wunder zu sehn.
Als sie dann das Christkind begrüßten,
durften sie, auch das Wunder verstehn.

5. Der Weihnachtsstern hoch am Himmel
leuchtet hell und weit durch die Nacht.
Und Könige haben sich eilends
auf den Weg zu dem Christkind gemacht.

6. Vom Christkind wollen wir singen.
Gottes Sohn macht uns alle froh.
Darum ist er zu uns gekommen
in dem Stall, in der Krippe, im Stroh.

● *Spielvorschlag zum Lied*

● **Spielvorschlag**

Das Spiellied berichtet in elementarer Weise über die einzelnen Stationen der Weihnachtsgeschichte (nach Lukas) und bringt auch die Könige (Sterndeuter) nach Matthäus mit hinein. Gleichzeitig verweist es in schlichter, aber ebenso elementarer Weise auf die Glaubensinhalte der Weihnachtsgeschichte:
Gott schickt seinen eigenen Sohn für uns auf die Welt.

Zu den einzelnen Strophen kann ein ganz einfaches Krippenspiel gestaltet werden:
1. Wir stehen in einer Reihe nebeneinander. Die Reihe öffnet sich, so daß die Krippe mit dem Kind sichtbar wird.
2. Maria und Josef kommen von hinten. Maria nimmt neben der Krippe Platz, Josef stellt sich dahinter.
3. Ein Teil der übrigen Spieler kommt nach vorn und stellt die Hirten dar. Sie sitzen und knien und stehen auf, als die Engel vor sie treten, die von einem Teil der anderen Spieler dargestellt werden.
4. Die Hirten laufen zum Stall und stellen sich um die Krippe. Die Engel folgen ihnen und stellen sich in einem großen Halbkreis im Hintergrund um die Hirten auf.
5. Ein Spieler stellt sich auf einen Stuhl hinter die Krippe und breitet die Hände weit wie der Weihnachtsstern aus.
Von vorn kommen die Könige und gehen ebenfalls zu der Krippe. Sie legen ihre Geschenke ab und knien vor der Krippe hin.
6. Wir fassen uns alle an und bilden einen großen Halbkreis um die Krippe.

● *Rätsel*

Kinderwunschrätsel

Ich bin ein dicker, runder Mann,
der wackeln und sich drehen kann.
Doch fall' ich um und steh darauf
von ganz alleine wieder auf.

(Stehaufmann)

Ich bin ein weiches Kuscheltier
und schlafe gern im Bett bei dir.
Mein Fell ist braun. Ich bin fast stumm
und mach' nur manchmal:
Brumm, brumm, brumm.

(Teddybär)

Paß auf, mich rätst du ganz geschwind.
Ich bin fast wie ein kleines Kind.
Du ziehst mir schöne Kleider an,
und dann staunt wirklich jedermann.
Du kannst mich wiegen,
kannst mich tragen.
Und ich kann zu dir „Mama" sagen.

(Puppe)

Wer bin ich, das weiß doch jeder!
Habe dicke Gummiräder,
fahre auf der Straße hin,
und ich brauche viel Benzin.
Bin zwar schnell, doch obendrein
stinke ich noch hundsgemein.

(Auto)

Ich bin ein Auto, daß ihr's wißt,
das ganz rot angestrichen ist.
Brennt da ein Wald, brennt dort ein Haus,
dann fahre ich sofort hinaus.
Hab' eine Leiter auf dem Dach.
Wer bin ich? Denk einmal nach!

(Feuerwehrauto)

Ich bin aus Papier gemacht.
Ei, wer hätte das gedacht:
Biete viele Bilder an,
die man oft betrachten kann.
Jede Seite zu dir spricht:
Ach, zerreiß mich bitte nicht!

(Bilderbuch)

An der Wand ein bunter Mann,
der hampeln kann und strampeln kann.
Ziehst du dann den Faden bloß.
hampelt, strampelt er drauflos.

(Hampelmann)

Im Sommer ruhe ich mich aus.
Wenn Schnee liegt, holst du mich heraus,
ziehst mich den Berg hinauf. Und munter
fährst du auf mir den Berg hinunter.

(Schlitten)

Die Geschichte vom Weihnachtsglöckchen

„Was ist am allerschönsten am Heiligen Abend?" fragt der Vater seine Kinder.

„Am allerschönsten ist der Weihnachtsbaum!" sagt Alex sogleich.

„Was wäre der Weihnachtsbaum ohne Weihnachtskerzen?" meint Kirsten. „Ja, die Weihnachtskerzen sind am allerschönsten!"

"Ich weiß aber etwas, was noch viel schöner ist!" ruft da die kleine Jasmin. "Wenn wir alle warten, bis wir endlich in das Weihnachtszimmer hinein dürfen, dann halte ich es vor Aufregung fast nicht mehr aus. Am schönsten ist es, wenn dann das Weihnachtsglöckchen klingelt. Ja, das ist am allerschönsten!"

Das Weihnachtsglöckchen liegt immer an seinem Platz im Wohnzimmerschrank und wird nur zu Weihnachten von Mutti herausgeholt. Ein silbernes Glöckchen mit einem ganz zarten Ton. Es ist ein sehr altes Glöckchen, daß Oma schon gehabt hat, als Mutti noch ein Kind war. Und Omas Mutter hat es gehabt, als Oma noch klein war.

"Von dem Weihnachtsglöckchen weiß ich eine Geschichte!" sagt der Vater nach einer Weile.

Da rücken die Kinder ganz dicht an ihren Vater heran, denn wenn er ihnen eine Geschichte erzählt, dann gehört das zum Schönsten, was es überhaupt gibt.

So erzählt ihnen der Vater die Geschichte: "Vor vielen, vielen Jahren lebte in einer kleinen Stadt ein Mädchen. Es hieß Rahel."

"Und wie hieß die Stadt?" fragte Alex.

"Betlehem!" antwortete der Vater.

Von Betlehem haben alle drei Kinder schon etwas gehört. "Da ist doch Jesus geboren!" sagt Kirsten, und Vater nickt.

"In Betlehem lebte also die kleine Rahel!"

erzählte der Vater weiter. "Ihre Mutter war gestorben, als Rahel noch recht klein gewesen war. Da blieb ihr nur ihr Vater.

Ihr Vater war ein Schafhirte. Er hütete zusammen mit drei anderen Hirten die Schafe auf den Weiden nah bei Betlehem.

Oft war die kleine Rahel traurig, daß er so selten heimkam. Er mußte sogar nachts bei den Schafen bleiben. Aber Rahel wußte ja, daß man nachts wegen der wilden Tiere ganz besonders auf die Schafe achtgeben mußte.

Einmal fand die kleine Rahel im Straßenstaub vor dem großen Wirtshaus ein wunderschönes Glöckchen aus reinem Silber.

Es war so schön und kostbar, daß sich Rahel gar nicht vorstellen konnte, daß es vielleicht ein Gast aus dem Wirtshaus verloren haben könnte. Wem sie das Glöckchen auch zeigte, es konnte sich keiner erklären, woher es gekommen war.

Nur die alte blinde Ruth, die am Ende des Städtchens wohnte, ließ sich das Glöckchen geben, lauschte so lange, bis es ausgeklungen hatte und wandte sich dann Rahel zu.

"Es ist ein ganz besonderes Glöckchen", sagte sie. "Du darfst es solange behalten, bis bei uns etwas ganz Besonderes einmal geschieht. Es wird so wunderschön sein, daß du dafür gern das Glöckchen herschenken wirst!"

"Was wird das sein?" fragte damals Rahel mit großen Augen. "Und wann wird das sein?"

Da zuckte die Alte mit der Schulter und sagte:"Das weiß ich auch nicht, und es wird dir keiner sagen können. Das weiß Gott allein!"

So hob Rahel das Glöckchen wie ihren

● *Geschichte*

kostbarsten Schatz auf und versteckte es in ihrem Bett. Nun geschah es eines Tages, daß ein Mann und seine Frau nach Betlehem kamen.
Sie hatten eine weite Reise hinter sich und waren so müde, daß sie kaum noch weiterkonnten. Sie fragten überall nach einem Zimmer für die Nacht. Aber die Gasthäuser waren überfüllt, so daß sie immer nur weitergeschickt wurden.
Hinzu kam, daß die junge Frau ein Kind erwartete, daß in dieser Nacht geboren werden sollte. Sie waren am Ende so verzweifelt, daß sie froh waren, als ihnen ein mitleidiger Mann seinen alten alten Stall anbot. Wenigstens für die Nacht waren sie dort sicher.
In dieser Nacht aber schickte Gott seinen Sohn zu uns auf die Welt. In der Armut des Stalles, in dem es aus allen Ritzen zog, wurde das Kind geboren. Seine Mutter wickelte es in Windeln und legte es in die Futterkrippe im Stall.
Als das Kind aber geboren war, geschah etwas sehr Seltsames draußen auf den Weiden vor Betlehem, wo Rahels Vater mit den anderen Hirten bei den Schafen wachte. Mitten in der Nacht wurde es plötzlich um sie herum so hell, daß die Hirten aufschreckten und vor Angst nicht aus noch ein wußten. So etwas hatten sie noch nie erlebt.
Und dann kamen plötzlich Engel vom Himmel herab und kamen auf sie zu, daß die Hirten noch mehr erschraken. Wann hatte jemals ein Schafhirte einen Engel in all seinem Glanz gesehen.
Die Hirten fielen auf die Knie und wagten sich nicht zu rühren.

"Habt keine Angst!" sagte der Engel freundlich zu ihnen: "Gott schickt mich zu euch. Ich will euch etwas Wunderschönes erzählen: Heute nacht ist in dem ärmsten Stall in Betlehem Gottes Sohn geboren. Er heißt Jesus und liegt in einer Futterkrippe!"
Sprachlos und mit großen Augen sahen die Hirten den Engel an. Sie wunderten sich immer mehr, als die anderen Engel, die um den einen herumstanden, nun zu singen anfingen. Einen so schönen Gesang hatten die Hirten ihr ganzes Leben lang noch nie gehört.
"Ehre sei Gott im Himmel!" sangen die Engel. "Und Friede der Welt und den Menschen!"
Ihr wunderbarer Gesang schallte über die Weiden bis hoch zum Sternenhimmel. Und die Hirten spürten bis tief in ihr Herz hinein die Freude, die das Lied und die Worte in ihnen auslöste.
"Lauft zum Stall!" rief ihnen der Engel zu. Da packten die Hirten all ihre Habseligkeiten zusammen und suchten nach einem Geschenk, das sie dem Kind in der Krippe mitbringen konnten.
Schließlich entschlossen sie sich dazu, dem Kind ein Schaf mit einem jungen Lämmchen zu schenken. Das Schaf hatte so viel Milch, daß sie für das Kind und das Lamm reichen würde.
So machten sie sich auf den Weg, trieben das Schaf vor sich her und gingen durch die Nacht nach Betlehem, um den allerärmsten Stall mit dem Gotteskind zu suchen, so wie es ihnen der Engel gesagt hatte.
Rahels Vater trug das Lämmchen auf sei-

● Geschichte

nen Armen. Und als sie endlich in Betlehem ankamen, ging er schnurstracks nach Hause, um seine kleine Tochter zu wecken. Er wollte ihr unbedingt erzählen, was in dieser Nacht geschehen war. Und mitnehmen wollte er die kleine Rahel. Denn das Kind in der Krippe, das Gott auf die Erde zu ihnen geschickt hatte, das sollte sie auch sehen und begrüßen.

Als er dann mit dem Lämmchen im Arm vor ihr stand und von den Engeln erzählte, da begannen Rahels Augen zu glitzern und zu leuchten.

"Jetzt weiß ich, was die alte Ruth gemeint hat, als ich mit dem Silberglöckchen bei ihr war!" rief sie glücklich. Sie holte es sogleich herbei und ließ es ganz leise klingen.

"Bäh!" machte das Schäfchen auf dem Arm ihres Vaters verwundert. Und noch einmal:"Bäh!"

"Wir binden ihm das Glöckchen um den Hals!" sagte das Mädchen froh und war bereits dabei, nach einem Band zu suchen. "Du sollst ihm auch das Lämmchen schenke!" sagten die Hirten.

Da trug sie das Lamm auf ihren Armen und ging mit eiligen Schritten hinter den Hirten her. Das Lämmchen machte immer wieder "Bäh!", und das silberne Glöckchen an dem roten Band um seinen Hals klingelte zart und leise dazu.

So geschah es, daß die Hirten, nachdem sie endlich nach langem Suchen in der Nacht den Stall gefunden hatten, mit dem Schaf hereinkamen. Sie sahen das Kind in der Futterkrippe, und es war genau so, wie es ihnen der Engel gesagt hatte. Sie knieten vor der Krippe und beteten das Kind an. Sie schenkten der Frau das Schaf und winkten dann die kleine Rahel herbei, die ganz schüchtern mit dem Lämmchen auf ihrem Arm immer noch in der Tür stand und vor Staunen keinen Schritt weiter gegangen

war.

Sie ging zögernd zur Krippe und betrachtete staunend und voller Freude das Kind auf dem Stroh. Da legte ihr die Mutter des Kindes ganz zärtlich den Arm um die Schulter. Und Rahel fühlte sich so glücklich wie damals, als ihre eigene Mutter noch bei ihr war.

"Ich bin Maria!" sagte die Frau mit lieber Stimme. "Ich danke dir, daß du gekommen bist!"

"Ich bin Rahel!" sagte Rahel leise und wünschte sich, daß der Arm der Frau noch lange dort auf ihrer Schulter bleiben würde. "Das Lämmchen ist auch für euch!" fügte sie noch hinzu.

Dann bückte sie sich und ließ das Lamm aus ihren Armen ganz behutsam auf die Erde gleiten.

Es stand noch einen Augenblick unschlüssig herum. als es aber seine Muter leise blöken hörte, sprang es mit weiten Sprüngen auf sie zu. Dabei klingelte das Glöckchen an seinem Hals ganz zart und hell.

"Ist das schön!" sagte Maria und streichelte das Lämmchen zart. "Wo hast du nur dieses wunderschöne Silberglöckchen her?" fragte sie dann.

"Gefunden!" sagte Rahel und verbesserte sich gleich darauf. "Für das Kind gefunden! Ich will es ihm schenken!"

Maria wollte Rahels Geschenk nicht annehmen. Doch Rahel beharrte darauf, daß das Glöckchen an dem Band blieb und von nun ab ihnen gehören sollte. Schließlich erinnerte sie sich nur zu gut an das, was ihr die alte Ruth gesagt hatte.

Ja, so blieb das zarte Klingen auch noch im Stall, als die Hirten mit der kleinen Rahel schon längst wieder gegangen waren. Das Leuchten und Glitzern blieb aber in Rahels Augen ihr ganzes Leben lang, Jeder liebte sie, denn dieses Leuchten und Glitzern kam

81

● *Geschichte* ● *Bastelvorschlag*

aus ihrem Herzen heraus."
Staunend haben die Kinder zugehört.
"Und das Glöckchen gibt es heute immer noch!" sagte Kirsten leise und denkt an das Glöckchen, das Jahr für Jahr vor der Bescherung leise klingelt.
"Es ist zum Weihnachtsglöckchen geworden!" meint Alex nachdenklich.
Sein Vater nickt ihm zu.
"Aber ein bißchen anders war es damals doch!" sagt die kleine Jasmin endlich.
"Wie anders?" fragt ihr Vater.
"Das Lämmchen hat noch 'Bäh!' dazu gemacht!" antwortet sie. Sie denkt kurz nach. "Ich habe das Weihnachtsglöckchen sehr gern!" sagt sie dann. "Wenn wir es hören, dann fängt wirklich Weihnachten an!"

Bastelanleitung

Weil sie uns so gut gefielen und wir sie uns als Maria, Josef und das Krippenkind vorstellen konnten, haben wir sie nur gut gesäubert und dann mit Acrylfarben bunt angemalt. Man kann sie in ein Moospolster oder in ein Bett aus Tannenzweigen setzen. Und nächstes Jahr suchen wir nach weiteren geeigneten Steinen, denn wir brauchen noch Hirten, Engel und Schafe.
Zur Bearbeitungen können auch die gleichen Farben und Lacke wie bei den Steinbildern (S.83) verwendet werden.

Krippenfiguren aus Stein

Eine solche kleine Krippe mit Figuren, die ursprünglich einmal Steine waren, ist schon etwas ganz Besonderes.

Wir brauchen grauen, weichen Sandstein, der vielfach am Meerufer zu finden ist oder Geröllstein, den wir an Flüssen, Gebirgsbächen und Baustellen finden können. Die gleichen Steine wie für die Steinbilder.
Den weicheren Stein können wir mit einfachen Geräten (scharfe, feste Steine, Muscheln, Korkenzieher, Feile usw.) sogar etwas bearbeiten.
Die Steine für die abgebildeten Krippenfiguren haben wir an einer Baustelle gefunden. Allerdings haben wir auch lange gesucht, bis wir Steine fanden, die durch ihre Form bereits angeben, welche Figur aus ihnen herausgearbeitet werden kann.

● *Bastelvorschlag*

Steinbilder als Weihnachtsschmuck oder Geschenkidee

Am Bachufer, am Ufer von Seen oder Flüssen, an Wegen, Wegrändern, Böschungen, Baustellen und in Kiesgruben können wir glatte Steine in allen möglichen Formen und Größen finden.

Wir brauchen noch Plaka-Farben, Marabu-Bastelfarben oder Filzstifte. Dazu Pinsel in verschiedener Stärke und Lack (Plaka-Lack oder Marabu-Sprühlack).

Dann können wir die Steine mit den schönsten Bildern bemalen. Und wie wird sich Oma oder Opa oder sonst jemand, dem wir etwas schenken wollen, freuen, wenn er ein solches selbst gemaltes Steinbild bekommt. Wir müssen die Steine sorgfältig betrachten und dann den Stein aussuchen, den wir für das, was wir malen wollen, wirklich auch verwenden können.

Soll es ein lustiges Gesicht werden, dann muß der Stein bereits die Grundform eines Gesichtes haben. Soll es ein ganzes Bild werden, muß auch der Stein eine entsprechend große Fläche haben, auf die wir malen können.

Bastelanleitung

Zuerst waschen wir die Steine und trocknen sie gut ab. Dann werden sie mit einer Grundfarbe angestrichen. Wenn die Farbe getrocknet ist, können mit Farbe oder Filzstifte für ein Gesicht Augen, Nase und Mund aufgezeichnet werden. Auch die Haare und Ohren lassen sich mit Farbe aufmalen.

Es kann aber auch ein so schönes Bild wie auf dem Foto entstehen.

Wenn die Farben gut getrocknet sind, wird der bemalte Stein überlackt. Dabei müssen wir besonders darauf achten, daß der Lack einen Tag zum Trocknen benötigt.

Später können wir eine Blumenschale oder einen Blumenkasten mit Sand, Erde oder Kies füllen und die fertigen Steinbilder dort hineinstellen.

Variation: Augen, Mund und Nase lassen sich auch direkt auf den Stein malen. So können vielleicht vorhandene Adern oder Strukturen des Steins mit einbezogen werden. Auch ganze Bilder können direkt ohne Grundfarbe auf dem Stein gestaltet werden.

83

• Schneemannlied

Paul Pulverschnee, der Schneemann

Text: Rolf Krenzer / Musik: Detlev Jöcker

1. Heut ha-ben Hans und E-del-traut den wun-der-schö-nen
   Pa-pa schenkt ihm sei-nen Hut. Dem wun-der-schö-nen

Schnee-mann, Paul Pul-ver-schnee, den Schnee-mann aus
Schnee-mann, Paul Pul-ver-schnee, dem Schnee-mann, steht

wei-ßem Schnee ge-baut. Der   Dann schenkt ihm Hans den
Pa-pas Hut so _____ gut.

Be-sen noch aus al-ler-bes-tem Holz. Da ist der Schnee-mann

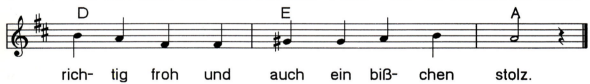
rich-tig froh und auch ein biß-chen stolz.

2. Als dann die Kinder schlafen gehn,
da bleibt der schöne Schneemann,
Paul Pulverschnee, der Schneemann,
allein im Garten stehn.
In dunkler Nacht im Mondenschein,
da ist der arme Schneemann,
Paul Pulverschnee, der Schneemann,
hier draußen so allein.
Er sehnt sich so nach einem Freund.
Drum hat sich in der Nacht
der Schneemann heimlich, still und leis'
im Schnee davongemacht.

3. Am Morgen hört man Kinder schrein:
„Der wunderschöne Schneemann,
Paul Pulverschnee, der Schneemann,
wo mag er denn nur sein!"
Da sagt der Hans zur Edeltraut:
„Den wunderschönen Schneemann,
Paul Pulverschnee, den Schneemann,
den hat man uns geklaut!"
„Wer wird schon einen Schneemann klau'n?"
sagt drauf die Edeltraut.
„Ich glaube fast, der arme Mann
ist heute nacht getaut!"

84

● *Spielvorschlag zum Lied*

4.

Drei Straßen weiter sagt der Per:
„Ich baute einen Schneemann!
Wo kommt der zweite Schneemann
denn nun auf einmal her?"
Weil nun ein Schneemann niemals spricht,
verrät es auch der Schneemann,
Paul Pulverschnee, der Schneemann,
bestimmt ihm heute nicht.
Doch heute nacht, wenn alles schläft,
– vielleicht so gegen zehn –
wird Schneemann Paul mit seinem Freund
ein Stückchen weitergehn.

5.

Vielleicht sind's morgen früh schon drei!
Paul Pulverschnee, der Schneemann,
und jeder andre Schneemann,
der findet nichts dabei.

● Spielvorschlag

Zu den einzelnen Strophen des Liedes kann
ein kleines Spiel gestaltet werden.
Wir können es ohne alle Kostümierung
spielen.
Wenn wir es aber zur Weihnachtsfeier oder
zur Fastnacht im Kindergarten aufführen
wollen, dann gibt es viele Möglichkeiten,
sich zu verkleiden:

Auf einen großen Pappkarton (der so groß
sein muß wie das Kind, das dahinter stehen
soll) malen wir die Umrisse des Schnee-
manns (mit Hut) und bekleben ihn anschließend mit weißem Buntpapier, mit
weißem zusammengerollten Seidenpapier.

Wir können ihn auch mit weißer Deckfarbe
bestreichen. Den Hut mit einer anderen
Farbe. Auch das Gesicht arbeiten wir so
heraus. Wer es sich einfacher machen will,
kauft weißen Plakatkarton, klebt ein paar
Stücke aneinander und schneidet daraus
den Schneemann aus.
Wir können auch die Kinder, die Schneemänner spielen, mit weißem Toilettenpa-
pier einwickeln. Dann können sie sich frei
bewegen.

Zur ersten Strophe bringen die beiden Kinder den Schneemann herein und staffieren
ihn mit Hut und Besen aus, vielleicht noch
einen Schal dazu.

Zur zweiten Strophe legen sich die Kinder
zum Schlafen hin. Der Schneemann aber
zeigt pantomimisch, wie einsam er ist und
macht sich auf den Weg, um sich nach
einem Freund umzusehen.

Zur dritten Strophe werden die Kinder wach,
wollen zu ihrem Schneemann gehen und
suchen überall herum, finden ihn aber
nicht mehr.

In der vierten Strophe wundert sich Per, weil
plötzlich zwei Schneemänner in seinem
Garten stehen.

Als er verwundert davon geht, finden die
beiden Schneemänner noch einen dritten
Schneemann und gehen mit ihm gemeinsam weiter.

85

● *Spiel* ● *Geschichte*

Will ich in den Schnee, ja, dann

Will ich in den Schnee, ja, dann,

1. Kind:
zieh ich die dicke Jacke an.

2. Kind:
Setze meine Mütze auf!

Will ich in den Schnee, ja, dann
zieh ich meine Jacke an,
setze meine Mütze auf.

3. Kind:
Handschuh auf die Hände drauf.

Will ich in den Schnee, ja, dann
zieh ich die dicke Jacke an,
setze meine Mütze auf,
Handschuh auf die Hände drauf.

Mit jedem Spieler kommt ein Satz hinzu, der zunächst dem Spieler vom Spielleiter gegeben wird. Die Geschichte wird immer länger, wobei jeder Spieler seinen Satz an der richtigen Stelle einbringen muß.

Will ich in den Schnee, ja, dann
zieh ich die dicke Jacke an,
setze meine Mütze auf,
Handschuh auf die Hände drauf,
zieh die warmen Hosen an,
Stiefel an die Füße dran.
Hole mir den Schlitten raus,
fahre in den Schnee hinaus.

Jeder Satz wird dann noch mit einer entsprechenden Geste unterstrichen.

Ein seltsamer Schneemann

Bis Ende Januar hatte es noch nicht einmal geschneit. Da waren Jan und Mira richtig verzweifelt. Sie hatten sich so auf das Schlittenfahren gefreut.

Noch mehr aber darauf, daß Papa ihnen versprochen hatte, mit ihnen zusammen einen ganz großen Schneemann zu bauen. Den schönsten Schneemann, den man sich nur denken konnte.

„Bauen wir ihn eben nächstes Jahr!" meinte Papa, aber bis dahin war es ja noch lang hin, so daß das die beiden Kinder auch nicht trösten konnte.

Doch dann wurde es doch noch wahr. In der Nacht vom 2. zum 3. Februar begann es auf einmal zu schneien. Es schneite und schneite die ganze Nacht hindurch und auch noch den ganzen Morgen bis zum Mittagessen.

Und weil dieser Tag ein Samstag war, hatte Papa wirklich frei und brauchte nicht zur Arbeit.

Versprochen ist versprochen. So baute Papa nach dem Mittagessen mit Jan und Mira den schönsten und größten Schneemann, den man sich nur denken kann.

Zuerst rollten sie aus einem großen Schneeball eine riesige Walze und gleich darauf noch eine zweite. Sie stellten sie übereinander auf und patschten noch eine Menge Schnee rundherum fest, so daß ein mächtiger Schneemann-Körper entstand. Eine dritte große Kugel setzten sie als Kopf obendrauf. Und dann ging es erst richtig los, denn der Schneemann mußte natürlich einen Hut auf dem Kopf haben. Gut, daß Mama noch einen alten roten Hut hatte. Der war genau der richtige. Mama schenkte ihm auch noch den Besen, den sie nicht mehr brauchte. Und dann holten sie dicke schwarze Steine. Das waren die Augen und

● *Geschichte*

die Knöpfe. Eine Mohrrübe wurde die Nase, und eine Reihe kleiner schwarzer Knöpfe bildete den Mund.

Als der Schneemann endlich fertig war, staunten alle, die kamen, um ihn anzuschauen. Ja, er war wirklich der schönste und größte Schneemann, den man jemals gesehen hatte. Nur Frau Müller aus dem dritten Stock sagte, daß ihr Vater früher, als sie noch ein Kind war, einen noch größeren und schöneren Schneemann für sie gebaut hätte.

„Nun wollen wir hoffen, daß er nicht so schnell taut!" sagte sie noch, als sie wieder nach oben ging. „Für morgen haben sie im Wetterbericht Regen angesagt. Das hält der beste Schneemann nicht aus!"

Doch es regnete nicht am nächsten und auch nicht am übernächsten Tag. Fast zwei Wochen lang stand der wunderschöne Schneemann im Garten, und alle Leute die vorbei kamen, blieben am Gartenzaun stehen, um ihn sich anzusehn.

Miras Schulklasse kam sogar mit ihrer Lehrerin an einem Vormittag. Mira hatte so viel von dem Schneemann erzählt, daß sie ihn alle unbedingt einmal ansehen wollten. In der Klasse malten sie später viele Bilder davon und hängten sie auch im Klassenzimmer auf.

Doch dann kam plötzlich der erste wirklich warme Tag. Die Sonne schob einfach die Wolken ein wenig zur Seite, so daß sie so richtig die Erde aufwärmen konnte.

O weh, armer Schneemann! dachte Mira, als sie am Morgen mit ihren Freundinnen auf einem warmen Sonnenplätzchen in der Pause stand und sah, daß rundum der meiste Schnee bereits geschmolzen war.

Auch Jan mußte heute morgen immer wieder an den Schneemann denken, als Frau Ketzler im Kindergarten mit ihnen allen das erste Frühlingslied sang.

Als die Kinder nach Hause kamen, stürmten sie sogleich in den Garten und fürchteten, daß der Schneemann bereits ein Stück geschmolzen war.

Wie staunten und erschraken sie aber, als sie zu dem Platz kamen, wo er die ganze Zeit über gestanden hat.

Er war nicht mehr da! Spurlos verschwunden.

„So schnell kann er doch nicht getaut sein!" sagte Jan traurig.

„Vielleicht kam die Sonne mit ihren Strahlen besonders stark hier hin!" meinte Mira.

„Vielleicht konnte sie unseren Schneemann nicht leiden!" Jan sah sich nachdenklich im Garten um und brüllte auf einmal los. Mit seiner ausgestreckten Hand zeigte er auf den großen Tannenbaum drüben in der Ecke.

Schon lief er los, denn im Schatten unter dem Tannenbaum, dort, wo ihn die Sonnenstrahlen nicht erreichen konnten, stand ihr Schneemann heil und völlig unversehrt. Wie freuten sich da die beiden Kinder.

Aber wie war er dorthin gekommen?

Hatte Mama vielleicht ...?

Doch Mama schüttelte nur den Kopf. „Wie soll ich den nur tragen?" fragte sie, und die Kinder mußten ihr rechtgeben. Der Schneemann wäre selbst für Papa zu schwer gewesen. Und Papa kam nicht infrage, weil er den ganzen Tag arbeitete und nicht zu Hause war.

Da wunderten sich die Eltern ebenso wie die Kinder.

Am nächsten Tag schien die Sonne wieder hell und warm vom Himmel herunter, und Jan und Mira hofften, daß der Schatten unter dem Tannenbaum noch für den Schneemann ausreichte. Als die aber in den Garten stürmten, war der Schneemann wieder fort.

Jetzt machten sie sich gleich dran, ihn zu

88

● *Geschichte*

suchen. Und nachdem sie lange im Garten herumgesucht hatten fanden sie ihn endlich: Er stand ganz in eine Ecke gedrückt, hinter dem kleinen Steinhaus, das Papa im Garten gebaut hatte, um dort im Winter die Gartengeräte und den Rasenmäher unterzubringen.

Hier war es noch wirklich kühl. Der Schneemann hatte sich das kühlste Plätzchen im Garten ausgesucht, das noch kein einziger Sonnenstrahl erreichen konnte. Die Kinder jubelten laut vor Freude.

Am dritten Tag aber regnete es, was das Zeug hielt. Da wurde der Schnee, der noch lag, von dem Regen aufgelöst und hinweggeschwemmt. Vor diesem Regenguß gab es im Garten keinen Schutz. Jan und Mira konnten auch nicht in den Garten hinaus. Nur vom Fenster aus durften sie sich die Pfützen im Garten ansehen.

„Eine Pfütze war unser Schneemann!" sagte Mira traurig.

„Die größte dort!" Jan zeigte auf die Riesenpfütze mitten im Garten. Ja, dort hatte der Schneemann auch gestanden.

„Wer von euch hat die Kellertür offen gelassen?" rief Mama plötzlich von unten. Und als die beiden Kinder in den Keller kamen, konnten sie es nicht glauben: Mitten im Keller stand der Schneemann und regte und rührte sich nicht. Aber schön und groß war er. So schön und groß wie bisher jeden Tag. „Allzulang kann er sich hier aber auch nicht halten!" meinte Mutti, „wenn der übrige Schnee schmilzt, wird es auch im Keller wärmer und dann wird er auch schmelzen müssen."

„Dann sitzt er morgen vielleicht in der Kühltruhe!" sagte Jan, und Mutti beschloß, noch heute ein Schloß an der Tiefkühltruhe zu befestigen.

Geheuer war ihnen die Sache alle nicht. Und am Abend sagte Papa, daß es am besten sei, wenn sie keinem Mensch etwas von dem Schneemann im Keller erzählten. „Die halten uns für verrückt!" fügte Mama hinzu. „Und sie schicken uns am Ende noch die Polizei ins Haus.

„Noch ein paar Tage, dann ist er auch im Keller geschmolzen!" sagte Vater und war froh, daß sich Mama weiter darum kümmern wollte.

Doch in der nächsten Nacht schneite es noch einmal. Nicht so viel Schnee wie damals, aber immerhin!

Und kalt war es noch einmal geworden! Bitterkalt! Der Frühling war vergessen. Noch einmal machte sich der Winter so richtig breit.

Und als die Kinder am Mittag in den Garten kamen, stand der Schneemann genau dort, wo sie ihn gebaut hatten und wo er so lange gestanden hatte.

Mitten im Garten stand er, und lachte mit seinem Mund aus Steinen das Mädchen vergnügt an.

Sie konnten es nicht fassen. Weder Mama noch Papa, weder Jan noch Mira. Aber der Schneemann stand wirklich wieder auf der Wiese und war noch schöner und größer geworden.

Oder täuschten sich die Kinder?   ❖❖❖

• *Wunschlied nach dem Frühling*

Es ist nicht lang mehr Winter

Text: Rolf Krenzer / Musik: Detlev Jöcker

2. Es ist nicht lang mehr Winter!
Das wissen alle Kinder.
Taut der allerletzte Schnee,
dann sagt der Winter bald ade,
dann sagt der Winter bald ade.

3. Es ist nicht lang mehr Winter!
Das wissen alle Kinder.
Wenn die ersten Primeln blühn,
dann muß der Winter weiterziehn,
dann muß der Winter weiterziehn.

4. Es ist nicht lang mehr Winter!
Das wissen alle Kinder.
Gibt's das erste Osterei,
dann ist der Winter bald vorbei,
dann ist der Winter bald vorbei.

5. Es ist nicht lang mehr Winter!
Das wissen alle Kinder.
Ruft der Kuckuck „Kuckuck" dann,
fängt schon sehr bald der Frühling an,
fängt schon sehr bald der Frühling an.

● *Spielvorschläge zum Lied* ● *Fingerspiel*

● Spielvorschlag 1

Wenn wir das Lied vortragen, kommen wir mit dicken Mützen, Handschuhen, Wintermänteln und langen Hosen.
Zur ersten Strophe ziehen wir demonstrativ die Handschuhe aus,
zur zweiten Strophe die dicken Mäntel,
zur dritten Strophe die Mützen,
und zur vierten Strophe die langen Hosen.
Dann fassen wir uns zu der fünften Strophe an und tanzen in kurzen Hosen und Kleidern im Kreis herum.

● Spielvorschlag 2

Zu dem Lied kann auch pantomimisch dargestellt werden, was in den einzelnen Strophen erzählt wird:
Die Sonne zeigt sich in ihrer ganzen Schönheit,
der Schnee taut (legt sich auf die Erde),
Blumen blühen vom Boden auf,
wir zeigen ein großes Osterei,
wir breiten die Arme zu Flügeln aus und fliegen im Kreis.

Der Frühling kommt bald

Der Frühling kommt bald.
   (Wir winken mit beiden Händen den Frühling heran)
Er ist schon im Wald.
   (Beide Arme wie Bäume hoch halten)
Er ist in der Luft.
   (Arme weit auseinander)
Ein Kuckuck ruft.
   (Arme zu Flügeln ausbreiten)
Die Blumen sprießen.
   (Hände vor uns, eine aufsprießende Blüte zeigen)
Er kommt durch die Wiesen,
   (links und rechts von uns das Gras streichen)
durch Fenster und Tür
   (mit beiden Händen gestisch vor uns das Fenster öffnen)
zu mir und dir.
   (auf mich und dich zeigen)
Da weiß jeder: Ja,
der Frühling ist da!
   (Aufstehen und in die Hände klatschen)

Der Vers läßt sich als Fingerspiel gestalten, wobei alles, wovon man spricht, auch mit Gesten begleitet wird.
Später wird die Sprache ganz weggelassen.

● Rätsel

Worauf wir uns im Frühling freuen

Erst steck' ich in der Schale drin,
war rundherum behütet.
Dann setzt sich meine Mutter hin
und hat mich ausgebrütet.
Von innen habe ich gehackt,
da ist das Ei zerbrochen.
Die feste Schale hat geknackt
und ich bin rausgekrochen.

(Küken/Vogelkind)

Ich bin im Teich geboren,
hab' meinen Schwanz verloren.
Daß ich ans Ufer klettern kann,
wuchsen mir vier Beine an.
Jetzt hüpf ich hier
im Gras herum
und seh mich
nach Mücken und Fliegen um.
Und abends gebe ich ein Konzert.
Sag, hast du das schon mal gehört?

(Frosch)

Du fliegst bis zur Wiese im hellen Sonnenschein.
Da laden dich die Blumen in ihre Blüten ein.
Schenken dir die Blüten das, was du möchtest, dann
hast du vom Blütenstaub bald schon gelbe Höschen an.
Wer dir einmal zugeschaut, wird das nie vergessen
und deinen Honig noch mal so gern essen.

(Biene)

Es kriecht die dicke Raupe
gefräßig von Blatt zu Blatt.
Und weil ihr alles gut schmeckt, drum wird sie rund und satt.
Doch später spinnt die Raupe
sich in ein Häuslein ein.
Sie wird ganz still und ruhig
und schläft im Häuschen ein.
Und wenn sie erwacht, dann weiß jedermann,
was aus dieser Raupe nun werden kann.

(Schmetterling)

Du kommst langsam daher
und beeilst dich nicht sehr.
Doch will dich einer erschrecken,
kannst du dich schnell
und auf der Stell
in deinem Haus verstecken.

(Schnecke)

Er hat vom Kohl im Garten stibitzt,
dann ist er über das Feld geflitzt.
Will ihm der Fuchs da an den Kragen,
dann schlägt er blitzschnell einen Haken.
Und hoppelt schon
durch den Wald davon.

(Hase)

● *Geschichte*

Die alte Babuschka und die Schwalbe

Im Herbst, als sich die Zugvögel schon für den Flug in den Süden rüsteten, hatte die junge Schwalbe sich an ihrem linken Flügel so unglücklich verletzt, daß sie gerade so noch auf dem Waldboden landen, aber nicht mehr abheben und fliegen konnte. Da lag sie nun, hilflos und wehrlos, und sah über sich hoch am Himmel die anderen Vögel davonfliegen.

Die Schwalbe jammerte kläglich, konnte nicht mehr fort und dachte an das Schlimmste. Entweder würde ein Fuchs oder ein Raubvogel sie schnappen oder sie müßte elendiglich hier im Wald verhungern.

Wäre nicht die alte Babuschka zufällig des Weges dahergekommen, um die letzten Beeren zu pflücken, wäre es wirklich mit der armen Schwalbe erbärmlich zu Ende gegangen. Die alte Babuschka aber sah den Vogel vor sich hilflos zucken und nahm ihn ganz behutsam in ihre Hände und betrachtete ihn aufmerksam.

„Armes Mädchen", sagte sie schließlich, „da wird es wohl nichts mit dem Flug in den Süden werden. Aber um deinen Flügel brauchst du keine Angst zu haben. Den kriegt die alte Babuschka schon wieder hin!"

So trug sie den kranken Vogel ganz vorsichtig, um ihm nicht weh zu tun, in ihrer runzeligen Hand zu dem uralten kleinen Haus mitten im Wald, in dem sie seit langer Zeit ganz allein wohnte.

„Mußt dich halt an mich und mein enges Häuschen gewöhnen!" sagte sie leise zu der Schwalbe, als sie den Flügel stützte und mit einem Verband versah, in den sie vorher heilende Kräuter, die nur die alte Babuschka noch kannte, hineingelegt hatte. Wenn es jetzt Winter wird, gehst du draußen zu Grunde. Mußt bei mir bleiben, bis es wieder warm wird und der Frühling kommt!"

Zunächst kümmerte sich die Schwalbe weder um den Winter noch um den Herbst. Zuerst tat ihr der Flügel noch sehr weh, aber dann, als die alte Babuschka später den Verband löste, konnte sie ihn bereits wieder ein bißchen gebrauchen. Und nach und nach lernte sie trotz der Enge in der Hütte kleine Flüge zu machen. Vom Fenster zum Schrank, vom Schrank auf den Tisch, vom Tisch in das Bett der alten Babuschka.

„Wird schon! Wird schon!" sagte die alte Babuschka und freute sich.

„Wann kann ich wieder hinaus?" fragte eines Tages die Schwalbe und hielt es vor Sehnsucht nach der Luft und den Wolken kaum mehr aus.

„Ich will nachsehen!" sagte sie alte Babuschka und zog sich

ihr braunes Kleid und ihr braunes Kopftuch,

93

● *Geschichte*

ihr rotes Kleid und ihr rotes Kopftuch
und ihr schwarzes Kleid und ihr schwarzes
Kopftuch an.
Dann schloß sie die Tür ihres Häuschens
auf und ging hinaus.
Als sie zurückkam, zitterte sie vor Kälte und
blieb bis spät in die Nacht vor dem Kamin
sitzen, um sich wieder aufzuwärmen.
„Schlag' dir's aus dem Köpfchen, es ist noch
viel zu kalt!" sagte sie zu der Schwalbe.
Da wartete die Schwalbe geduldig, daß es
endlich draußen wieder warm würde.
„Wann kann ich wieder hinaus?" fragte sie
nach einigen Wochen wieder und hielt es
vor Sehnsucht nach der Luft und den Wolken, nach der Sonne und den Bäumen
kaum mehr aus.
„Ich will nachsehen!" sagte die alte Babuschka und zog sich
ihr braunes Kleid und ihr braunes Kopftuch,
ihr rotes Kleid und ihr rotes Kopftuch,
ihr schwarzes Kleid und ihr schwarzes Kopftuch,
ihr blaues Kleid und ihr blaues Kopftuch
und ihr lila Kleid und ihr lila Kopftuch an.
Dann schloß sie die Tür ihres Häuschens
auf und ging hinaus.
Als sie zurückkam schnatterte sie vor Kälte
und blieb bis zum nächsten Morgen vor
dem Kamin sitzen, um sich aufzuwärmen.
„Schlag' dir's aus dem Köpfchen, es ist noch
viel zu kalt!" sagte sie zu der Schwalbe.
Da wartete die Schwalbe geduldig, daß es
endlich draußen wieder warm würde.
„Wann kann ich wieder hinaus?" fragte sie
nach einigen Wochen wieder und hielt es
vor Sehnsucht nach der Luft und den Wolken, nach der Sonne und den Bäumen,
nach den Bächen und Wiesen kaum mehr
aus.
„Ich will nachsehen!" sagte die alte Babuschka und zog sich ihr

braunes Kleid und ihr braunes Kopftuch,
ihr rotes Kleid und ihr rotes Kopftuch,
ihr schwarzes Kleid und ihr schwarzes Kopftuch,
ihr blaues Kleid und ihr blaues Kopftuch,
ihr lila Kleid und ihr lila Kopftuch,
ihr gelbes Kleid und ihr gelbes Kopftuch,
ihr weißes Kleid und ihr weißes Kopftuch
an.
Dann schloß sie die Tür ihres Häuschens
auf und ging hinaus.
Als sie zurückkam, weinte sie vor Kälte und
blieb die Nacht und den ganzen nächsten
Tag vor dem Kamin sitzen, um sich aufzuwärmen.
„Schlag' dir's aus dem Köpfchen, es ist noch
viel zu kalt!" sagte sie zu der Schwalbe.
Da wartete die Schwalbe geduldig, daß es
endlich draußen wieder warm würde.
„Wann kann ich wieder hinaus?" fragte sie
nach einigen Wochen wieder und hielt es
vor Sehnsucht nach der Luft und den Wolken, nach der Sonne und den Bäumen,
nach den Bächen und Wiesen und nach
den Schmetterlingen und den bunten Blumen kaum mehr aus.

„Es wird auch endlich Zeit!" sagte die alte
Babuschka und zog noch einmal all ihre
vielen Kleider und Kopftücher an. Dann
schloß sie die Tür ihres Häuschens auf und
ging hinaus.
Es dauerte gar nicht lange, da kam sie
schon wieder!
Sie riß sich das weiße Kleid und das weiße
Kopftuch herunter,
das gelbe Kleid und das gelbe Kopftuch,
das lila Kleid und das lila Kopftuch,
das blaue Kleid und das blaue Kopftuch,
das schwarze Kleid und das schwarze Kopftuch,
das rote Kleid und das rote Kopftuch
und zum Schluß noch das braune Kleid

94

Geschichte • *Bastelvorschlag*

und das braune Kopftuch.
Das sah die Schwalbe verwundert, daß die alte Babuschka unter dem braunen Kleid und dem braunen Kopftuch noch ein Kleid trug:
Ein grünes Kleid und ein grünes Kopftuch.
„Viel zu heiß war es mir draußen!" sagte die alte Babuschka zu der Schwalbe.
„Jetzt, mein Mädchen, ist endlich der Frühling da!"
Darauf ging die alte Babuschka zur Tür und öffnete sie, so weit sie nur konnte.
Die Schwalbe dankte der alten Babuschka, dann breitete sie ihre Flügel aus und flog durch die offene Tür in den Frühling hinaus durch die Luft zu den Wolken,
in die Sonne zu den Bäumen,
zu den Bächen und Wiesen
zu den Schmetterlingen und den bunten Blumen.
Und es war wieder Frühling geworden und wunderschön.

Bastelanleitung

Dann schneiden wir aus farbigem Plakatkarton die Flügel aus und geben ihnen mit Buntpapier noch zusätzlich schöne Muster. Die Flügel werden nun auf den Körper aufgeklebt.
Wenn wir mit dem Bürolocher auf einer Seite der Flügel zwei Löcher angebracht haben, können wir einen farbigen Pfeifenputzer als Fühler hindurchziehen.

Bunte Schmetterlinge

Jetzt muß der Winter endlich gehen. Und damit es bei uns im Zimmer schon etwas frühlingshafter wird, basteln wir bunte Schmetterlinge, die wir einzeln an der Lampe, an der Decke usw. oder auch als Mobile aufhängen können.
Wir brauchen: leere Toilettenpapierrollen, Buntpapier, farbigen Plakatkarton, farbige Pfeifenputzer und Scheren. Dazu noch einen Bürolocher.
Die leeren Toilettenpapierrollen bekleben wir rundherum mit Buntpapier.

Aus dem Menschenkinder-Verlagsprogramm

Lustig und lehrreich Ab 2

Detlev Jöcker/Lore Kleikamp
1,2,3 im Sauseschritt
Lustige und lehrreiche Muntermacher auf einer der beliebtesten und erfolgreichsten LiederCassetten dieser Zeit.
MusiCassette Best.-Nr. 002-1
CD Best.-Nr. 002-4
Liedpielheft mit Gestaltungsvorschlägen Best.-Nr. 002-2

Die ersten Lieder Ab 1

Detlev Jöcker/Rolf Krenzer u.a.
Komm, du kleiner Racker
Neue Fingerspiel-, Kniereiter- und Spiellieder. Lustige Ohrwürmer für die Kleinsten u. Kindergartenkinder.
MusiCassette Best.-Nr. 015-1
Liedpielbuch mit Spielvorschlägen und weiteren Spieltexten
Best.-Nr. 015-2

Singen, Spielen, Basteln Von 1-6

Detlev Jöcker/Lore Kleikamp
Si-Sa-Singemaus
14 fröhliche Muntermacher für kleine und große Kinder mit weiteren Versen, Spiel- und Bastelvorschlägen im dazugehörigen Buch
MusiCassette Best.-Nr. 023-1
CD Best.-Nr. 023-4
Buch (96 Seiten) farbig, Pappband
Best.-Nr. 023-2

Rund um die Gesundheit Ab 3

Detlev Jöcker/Rolf Krenzer u.a.
**Denkt euch nur,
der Frosch war krank**
14 launige Aktions- und Spiellieder zu Themen wie Zahnpflege, Sport, Spiel, Umwelt und Sicherheit im Alltag
MusiCassette Best.-Nr. 018-1
Liedpielbuch mit Gestaltungsvorschlägen, Geschichten und einem „Ärztlichen Ratgeber" Best.-Nr. 018-2

Für die erste Schulzeit Ab 5

Detlev Jöcker/Lore Kleikamp
**Mile male mule,
ich gehe in die Schule**
Neben 14 lustigen und motivierenden Liedern finden Eltern und Pädagogen in dem Begleitbuch zahlreiche spielerische Tips, Übungen und Lernhilfen
MusiCassette Best.-Nr. 019-1
Liedpielbuch Best.-Nr. 019-2

Durch Herbst- u. Winterzeit Von 3-8

Detlev Jöcker/Rolf Krenzer
Lieber Herbst und lieber Winter
Neue Herbst-, Spiel,- Weihnachts- u. Winterlieder. Buch mit Liedern, Geschichten, Rätsel, Reimen und Bastelvorschlägen
MusiCassette Best.-Nr. 024-1
CD Best.-Nr. 024-4
Buch (96 Seiten) farbig, Pappband
Best.-Nr. 024-2

Sollten Sie an ausführlichen Informationen und an unserem Gesamtprospekt interessiert sein, schicken wir Ihnen gerne unverbindlich unseren aktuellen Katalog zu.
Menschenkinder Verlag, An der Kleimannbrücke 97, D-4400 Münster, Tel. 0251/329669, Fax 0251/328437